BERND MOSSNER

Die Entwicklung der Rückversicherung bis zur
Gründung selbständiger Rückversicherungsgesellschaften

Versicherungsforschung

Schriftenreihe für internationalen Gedankenaustausch über
sozial- und privatwirtschaftlichen Versicherungsschutz

Begründet von Professor Dr. Dr. W. Rohrbeck †

Heft 3

Die Entwicklung der Rückversicherung bis zur Gründung selbständiger Rückversicherungsgesellschaften

Von

Bernd Mossner

Zweite Auflage

Duncker & Humblot · Berlin

Bibliografische Information der Deutschen Nationalbibliothek

Die Deutsche Nationalbibliothek verzeichnet diese Publikation in
der Deutschen Nationalbibliografie; detaillierte bibliografische Daten
sind im Internet über http://dnb.d-nb.de abrufbar.

1. Auflage 1959

Alle Rechte vorbehalten
© 2012 Duncker & Humblot GmbH, Berlin
Druck: Berliner Buchdruckerei Union GmbH, Berlin
Printed in Germany

ISSN 0505-3684
ISBN 978-3-428-14030-5 (Print)
ISBN 978-3-428-54030-3 (E-Book)
ISBN 978-3-428-84030-4 (Print & E-Book)

Gedruckt auf alterungsbeständigem (säurefreiem) Papier
entsprechend ISO 9706 ♾

Internet: http://www.duncker-humblot.de

Vorwort zur zweiten Auflage

Gelegentlich frage ich Fachleute aus der Versicherungsbranche, wann wohl die älteste Rückversicherung abgeschlossen wurde. Die Schätzungen liegen fast immer Jahrhunderte nach dem hier beschriebenen Vertrag von 1370.

Weil die erste Auflage meiner Zürcher Dissertation vergriffen ist, erinnert der Verlag Duncker & Humblot erfreulicherweise aus Anlass des bevorstehenden 150-jährigen Jubiläums der „Swiss Re" mit diesem Neudruck an die auch in Fachkreisen wenig bekannte Geschichte der Rückversicherung.

In den vergangenen 53 Jahren habe ich nichts vernommen, was zu Korrekturen oder Ergänzungen meiner 1959 erschienenen Erstausgabe hätte führen müssen.

Zürich, im Oktober 2012

Bernd Mossner

Vorwort

Über die Geschichte der See-, Feuer- und Lebensversicherung sind zahlreiche Arbeiten geschrieben worden. Nur die Entwicklung der Rückversicherung wurde bisher in der Literatur stiefmütterlich behandelt[1]. Die wenigen Autoren, die sich mit der Geschichte der Rückversicherung beschäftigt haben, befassen sich entweder nur mit dem 19. Jahrhundert oder betrachten sie etwas einseitig vom ökonomischen oder versicherungstechnischen Standpunkt aus.

Die Aufgabe dieser vornehmlich *rechtshistorischen* Arbeit besteht darin, in den ältesten Seerechtskodifikationen und Assekuranzordnungen sowie in der Judikatur des 17. und 18. Jahrhunderts nach Hinweisen auf die Rückversicherung zu forschen, um mit Hilfe der Aufzeichnungen von Versicherungsfachleuten vergangener Jahrhunderte[2], des von Rechts- und Wirtschaftshistorikern[3] gesammelten Materials und der noch vorhandenen Verträge die Entwicklung der Rückversicherung zu verfolgen. Obwohl deren Entstehung und Ausbreitung in erster Linie vom juristischen Standpunkt aus betrachtet wird, sollen die wirtschaftshistorischen Zusammenhänge nicht außer acht gelassen werden.

Für jene Leser, die sich noch wenig mit der Rückversicherung beschäftigt haben, wird ihr Wesen in einem Einführungskapitel kurz umschrieben. Dabei werden weder Detailfragen berührt, noch neue Ansichten vertreten.

Die jüngste Geschichte der Rückversicherung wird nicht mehr behandelt, liegt doch ihre Entwicklung in den letzten hundert Jahren weniger im Dunkeln als ihre Anfänge. Die Festschriften der Gesell-

---

[1] Besonders bedauert dies u. a. Allaz (47), während Halpérin (84) schreibt: „Il serait attachant de faire l'histoire de la Réassurance — mais il y faudrait consacrer un volume..." Vgl. auch Ferdinand A. Müller, AssJahrb 4, 10 ff.

[2] So vor allem Benecke, Boulay-Paty, Emérigon, Magens, Park, Valin, Viret/Lucas/Berthelin und Weskett/Engelbrecht.

[3] Insbesondere Bensa, Golding, Goldschmidt und Pardessus.

schaften und die Jahresberichte, die von Versicherungsaufsichtsämtern verschiedener Länder und von Versicherungszeitschriften veröffentlicht wurden, ergänzen die juristischen, ökonomischen und versicherungstechnischen Arbeiten[4], die sich mit der Ausbreitung der Rückversicherung seit der Mitte des letzten Jahrhunderts befassen.

Allen Versicherungsgesellschaften und Fachleuten, die mir mit Anregungen und Hinweisen zur Seite standen, sowie jenen, die mir bei der Sammlung des umfangreichen Materials behilflich waren, möchte ich meinen aufrichtigen Dank aussprechen. Insbesondere gilt auch mein Dank der Schweizerischen Rückversicherungs-Gesellschaft in Zürich, die mir in zuvorkommender Weise Unterstützung und Hilfe zukommen ließ.

Meinen verehrten Lehrern Herrn Prof. Karl Siegfried Bader und Herrn Prof. Karl Oftinger danke ich für das warme Interesse, das sie meiner Arbeit entgegenbrachten, sowie für ihre zahlreichen Hinweise. Herrn Prof. Jean Halpérin bin ich für seine äußerst wertvollen und wesentlichen Anregungen im Hinblick auf die wirtschaftshistorischen Aspekte der Arbeit sehr verbunden.

Zürich, im März 1959

Bernd Mossner

---

[4] Zusammenfassende Darstellungen über die Entwicklung der Rückversicherung in den letzten 100 Jahren sind u. a. zu finden bei Cruziger, Praxis 35 ff.; van der Haegen 34 ff.; Hangartner 42 ff.; Hollitscher 98 ff.; Le Blanc 141 ff.; Manes II 294 ff.; Moldenhauer, Lexikon 1315 ff.

Inhalt

Einführung

Vom Wesen der Rückversicherung

§ 1 Zweck, Begriff und Bedeutung der Rückversicherung 11
    I. Der Zweck der Rückversicherung 11
    II. Der Begriff der Rückversicherung 13
    III. Die Bedeutung der Rückversicherung 15

§ 2 Die wichtigsten Vertragsarten 16
    I. Die Spezial- oder Einzelrückversicherung 16
    II. Der laufende Rückversicherungsvertrag 17
    III. Der Retrozessionsvertrag 19

Erstes Kapitel

Der Ursprung der Rückversicherung

§ 3 Die Entstehung der Erwerbsversicherung . 21
    I. Vorbemerkungen 21
        1. Die Versicherung auf Gegenseitigkeit 21
        2. Die staatliche Zwangsversicherung 22
        3. Die Erwerbsversicherung 23
    II. Überblick über die geschichtliche Lage beim Aufkommen der Erwerbsversicherung 24
    III. Vom Seedarlehen zur reinen Versicherung 25
    IV. Die ältesten Versicherungsverträge 26

Inhalt

§ 4 Der Genueser Rückversicherungsvertrag von 1370 28
    I. Der Vertragstext 28
    II. Die wirtschaftliche und versicherungstechnische Würdigung des Vertrages 31
    III. Die juristische Würdigung des Vertrages 32
    IV. Schlußfolgerungen aus dem Vertrag von 1370 34

§ 5 Der Primat der Mitversicherung 35
    I. Vorbemerkung 35
    II. Die Vorteile der Mitversicherung 36
    III. Versicherungspolicen als Belege für das große Ausmaß der Mitversicherung 39

§ 6 Die sekundäre Rolle der Rückversicherung 42
    I. Der Mißbrauch des Wortes „Rückversicherung" 42
    II. Die Beweggründe zum Abschluß von Rückversicherungsverträgen 46

§ 7 Gesetzliche Bestimmungen über die Rückversicherung 48
    I. Allgemeines über das älteste Seeversicherungsrecht . . . 48
    II. Die Versicherungsgesetzgebung bis zum Ende des 16. Jahrhunderts 51
    III. Der „Guidon de la Mer" 56
    IV. Die „Ordonnances de la Marine" von Ludwig XIV. . . . 58
    V. Die ersten Bestimmungen über die Rückversicherung außerhalb Frankreichs 59
    VI. Die Gesetzgebung als Indiz für die Bedeutung der Rückversicherung 62

§ 8 Die Judikatur 64
    I. Die Versicherungsgerichte 64
    II. Die Gerichtspraxis in Streitfragen über Rückversicherungen 66
    III. Ein Rückversicherungsprozeß aus dem Jahre 1674 71
    IV. Folgerungen aus der Judikatur im Hinblick auf die Bedeutung der Rückversicherung 74

Zweites Kapitel

Vom Rückversicherungsverbot in England bis zum Aufkommen selbständiger Rückversicherungsgesellschaften

§ 9 Das Verbot in England 75
    I. Die Ursachen 75
    II. Die Auswirkungen des Verbotes 77

§ 10 Das Aufkommen von Versicherungsaktiengesellschaften 78
    I. Die ältesten Versicherungsgesellschaften 78
    II. Die Auswirkungen des fortschreitenden Kapitalismus und der Gesellschaftsgründungen auf die Rückversicherung . . 82
    III. Die ersten Rückversicherungen zwischen direkten Versicherungsgesellschaften 84

§ 11 Das Aufkommen von laufenden Rückversicherungsverträgen 85
    I. Die Entstehung der laufenden Rückversicherungsverträge . 85
    II. Die Vertragspartner 86
    III. Die Art der Risiken 86
    IV. Die Vertragstypen 87
    V. Beispiele von den ersten laufenden Rückversicherungsverträgen 88

§ 12 Die Entstehung selbständiger Rückversicherungsgesellschaften 94
    I. Die ersten Tochtergesellschaften 94
    II. Die Gründung der ältesten selbständigen Rückversicherungsgesellschaft 96
    III. Der erste Vertrag der Kölnischen Rückversicherungs-Gesellschaft 98

Literaturverzeichnis 102

Abkürzungen
der häufig verwendeten Zeitschriften
und Wörterbücher

AssJahrb	Assekuranz-Jahrbuch, gegründet von A. Ehrenzweig, Wien 1880 bis 1938, Basel 1939–1943.
HWS	Handwörterbuch der Staatswissenschaften, herausgegeben von L. Elster, Ad. Weber und Fr. Wieser, 9 Bde., 4. A. Jena 1923 bis 1929.
Lexikon	Versicherungslexikon, herausgegeben von A. Manes, 3. A. Berlin 1930.
SVZ	Schweizerische Versicherungszeitschrift, Bern 1933 ff.
VersArch	Versicherungswissenschaftliches Archiv, Berlin 1955 ff.
ZHR	Zeitschrift für das gesamte Handelsrecht, herausgegeben von L. Goldschmidt, Stuttgart 1858 ff.
ZVW	Zeitschrift für die gesamte Versicherungs-Wissenschaft, herausgegeben vom Deutschen Verein für Versicherungs-Wissenschaft, Berlin 1901–1943.

Einführung

Vom Wesen der Rückversicherung

§ 1 Zweck, Begriff und Bedeutung der Rückversicherung

I. Der Zweck der Rückversicherung

Der Begriff der Rückversicherung kann, wie *Herrmannsdorfer*[1] feststellt, erst richtig erfaßt werden, wenn man sich über ihren Zweck im klaren ist. Daher soll, bevor wir uns dem Begriff der Rückversicherung zuwenden, erst ihr Zweck näher umschrieben werden.

Der Versicherer, der sich gegen eine Prämie verpflichtet, bei Eintritt eines künftigen, ungewissen Ereignisses eine bestimmte Leistung zu erbringen, muß stets danach trachten, daß die Schäden und Unkosten keinen höheren Betrag erreichen als die Prämieneinnahmen. Damit ihm dies gelingt, hat er die Lehren der Wahrscheinlichkeitsrechnung zu beachten und muß vor allem darauf bedacht sein, daß sein Versicherungs-Portefeuille verschiedene Grundbedingungen der Versicherungstechnik erfüllt:

1. Der Versicherungsbestand muß möglichst zahlreiche Risiken enthalten, damit nach dem Gesetz der großen Zahl ein Risikoausgleich eintreten kann. Je größer die Anzahl der Fälle ist, um so eher wird der Zufall ausgeschaltet und eine gewisse Gesetzmäßigkeit eintreten[2].

2. Die Risiken müssen möglichst homogen in gleichartige Klassen eingeteilt werden. Diese Homogenität muß sich beziehen:

a) auf die Art der Risiken (qualitative Homogenität). Dies führt zur Bildung der verschiedenen Versicherungszweige.

b) auf die Schwere der Gefahr (das sog. Risikogewicht).

c) auf die Höhe der Versicherungssumme (quantitative Homogenität). Das Erfordernis dieser Homogenität kann am besten an einem Beispiel erläutert werden:

---

[1] Herrmannsdorfer, Technik und Bedeutung 1.
[2] Über die Bedeutung des Gesetzes der großen Zahl vgl. u. a. Hermann Wagner 4 ff.

Angenommen, die Brandschadenwahrscheinlichkeit eines bestimmten Objektes sei 1 : 100, so ergibt sich — wenn man von den Verwaltungskosten absieht — eine Prämie von 1 %. Nehmen wir nun an, 99 der genannten Objekte mit einem Wert von je Fr. 1000.— und ein gleiches Objekt mit einem Wert von Fr. 10 000.— würden versichert, so betrüge die Prämie

$$\frac{99 \times 1000}{100} + \frac{10\,000}{100} = \text{Fr. } 1090.—.$$

Verbrennt nun gerade das wertvollste Objekt, so reichen die Prämieneinnahmen von Fr. 1090.— nicht aus, um den Schaden von Fr. 10 000.— zu decken. Um auf die Möglichkeit, daß gerade das wertvollste Objekt verbrennt, vorbereitet zu sein, müßte der Versicherer eine höhere Prämie erheben. Dies ist aber für die Versicherten der kleineren Objekte unrentabel, denn eine Prämie von 1 % würde genügen, wenn sie unter sich eine Versicherung auf Gegenseitigkeit[3] abschlössen[4].

Dieser Nachteil läßt sich nur vermeiden, wenn die Risiken auch nach der Höhe der Versicherungssumme in verschiedene Kategorien eingeteilt werden. Der Versicherer muß einen Höchstbetrag (sog. Selbstbehalt oder Maximum, retention, plein) festsetzen, bis zu dessen Höhe er jedes Einzelrisiko auf eigene Rechnung zu behalten gedenkt[5]. Eine Beschränkung der Risiken auf diesen Selbstbehalt ist auf zwei Arten möglich:

1. Der Versicherer zeichnet nur solche Risiken, welche seinen Selbstbehalt nicht übersteigen. Große Risiken müssen dann primär unter mehrere Versicherer verteilt werden. Man spricht hier von *Mitversicherung*.

2. Der Versicherer behält nur den Teil der von ihm gezeichneten Risiken auf eigene Rechnung, der seinen Selbstbehalt nicht überschreitet, und läßt den Rest bei anderen Versicherern nochmals versichern. Diese zweite, sekundäre Versicherung nennt man *Rück-*

---

[3] Vgl. hinten § 3 I 1.
[4] Beispiele dieser Art sind in der Rückversicherungsliteratur sehr häufig. Vgl. u. a. Herrmannsdorfer, Technik und Bedeutung 2/3; ders., Versicherungswesen 140; Mainardi/Hillbrandt 17/18; Moldenhauer, Lexikon 1310; Sack 15; Vukailovic 10; Wagenführ 259/260; Wilke/Düker/Elle 315.
[5] Für die Bestimmung des Selbstbehaltes gelten sog. Maximierungsgrundsätze. Vgl. Hermann Wagner 10 ff.

versicherung oder Zession[6]. In unserem Beispiel würde der Versicherer von dem im Werte von Fr. 10 000.— versicherten Objekt Fr. 1000.— auf eigene Rechnung behalten und Fr. 9000.— in Rückversicherung geben.

Der Zweck der Rückversicherung wird von *Hagen* folgendermaßen umschrieben:

„In der Rückversicherung ist das technische Ideal einer jeden Versicherung in denkbarster Vollkommenheit verwirklicht: die Atomisierung, Nivellierung und Homogenität der Risiken. Mehr und mehr ist die Rückversicherung das Rückgrat aller andern Versicherungszweige geworden. Sie vollendet das Bestreben der Erstversicherungen, die Gefahr gemeinsam auf so breite Schultern zu verteilen, daß innerhalb dieser Kreise das Walten des Zufalls bis zur Grenze der meßbaren Gesetzmäßigkeit ausgeschaltet wird und auch die gewaltigsten Risiken ohne fühlbare Belastung des einzelnen überstanden werden können[7, 8]."

II. Der Begriff der Rückversicherung

Moldenhauer definiert die Rückversicherung juristisch mit folgenden Worten:

„Unter Rückversicherung versteht man diejenige Versicherung, durch welche ein Versicherer (der Haupt- oder Erstversicherer)[9] sich für die einem Versicherten gegenüber übernommene Zahlungsverpflichtung von einem andern (dem Rückversicherer) eine teilweise oder ganze Deckung versprechen läßt[10]."

Für einen Rückversicherungsvertrag müssen drei juristische Voraussetzungen gegeben sein:

---

[6] Zession im technischen, nicht im juristischen Sinn.
[7] Hagen bei Ehrenberg 2. Abt. 593/94.
[8] Vgl. auch Vukailovic 7 ff.
[9] Auch Zedent oder Direktversicherer genannt.
[10] Moldenhauer, Lexikon 1309/10; vgl. weitere Definitionen u. a. bei Allaz 13; Bruck 76/77; van de Casteele 32; Cruziger, Praxis 7; Emérigon I 247; Ehrenberg, Rückversicherung 1; Dammbach 13; Feer, Approach 11; Gobert 9; Golding, Law 5; Hagen bei Ehrenberg 2. Abt. 598; Hémard II 302; Herrmannsdorfer, Versicherungswesen 141; Jahn 551; Mori 144; Picard 83/84; Picard/Besson 124/25; Thompson 1; Villotte 7; Vukailovic 1; Hermann Wagner 3.

1. Der Rückversicherungsvertrag muß alle erforderlichen Merkmale des Versicherungsvertrages enthalten.
2. Gegenstand der Rückversicherung ist das wirtschaftliche Interesse des Rückversicherungsnehmers, die dem Direktversicherungsnehmer versprochene Schadenersatzleistung bei Eintritt des befürchteten Ereignisses nicht oder nur zum Teil selber tragen zu müssen. Der Rückversicherung muß daher ein Versicherungsvertrag (Direkt- oder Hauptversicherungsvertrag genannt) zugrunde liegen, in dem der Rückversicherungsnehmer als Versicherer auftritt.
3. Zwischen dem Rückversicherer und dem Hauptversicherten dürfen keine Rechtsbeziehungen bestehen.

Im Gegensatz zur Rückversicherung schließt bei der *Mitversicherung*[11] der Versicherungsnehmer mit mehreren Versicherern einen Vertrag ab, wobei jeder Mitversicherer nur für die von ihm übernommene Quote haftet. Beim System der Rückversicherung unterzeichnet der Versicherungsnehmer einzig mit dem Erstversicherer einen Vertrag. Dieser schuldet bei Eintritt des befürchteten Ereignisses dem Versicherungsnehmer die Versicherungsleistung unabhängig davon, ob der Rückversicherer seine Leistung erbringt.

Früher waren die Autoren uneinig, ob die Rückversicherung juristisch ein Gesellschaftsvertrag, eine Abtretung, eine Bürgschaft oder ein Auftrag sei. Nach der heute herrschenden Auffassung ist die Rückversicherung ein selbständiger Versicherungsvertrag[12].

Charakteristisch für die Rückversicherung ist die Schicksalteilung zwischen Haupt- und Rückversicherer. Diese beiden Parteien stehen in einem besonders engen Vertrauensverhältnis, ist doch die Rückversicherung im höchsten Maße von der Loyalität der Parteien abhängig.

Als Entgelt für die Risikoübernahme erhält der Rückversicherer eine Rückversicherungsprämie, die prozentual größer oder kleiner als die Erstversicherungsprämie (Originalprämie) sein kann. In der Regel entspricht die Rückversicherungsprämie der Originalprämie,

---

[11] Über die Mitversicherung vgl. u. a. Kisch ZVW 22, 259 ff.; dens., Lexikon 1079 ff.; Mahr 243 ff.; Wagenführ 249 ff.

[12] Über die juristische Natur der Rückversicherung vgl. u. a. Ackein 38 ff.; Bruck, VersArch 1956, 9 ff.; van de Casteele 18 ff.; Cruziger, Praxis 54 ff.; Ehrenberg, Rückversicherung 6 ff.; Garobbio 27 ff.; Hagen ZVW 20, 142 ff.; ders. bei Ehrenberg 2. Abt. 599/560; Josef 3 ff.; Koenig 453/54; Mainardi/Hillbrandt 2/3; Mori 129 ff.; Obermayer 12 ff.; Picard 59; Villotte 96 ff.

wobei aber noch eine Provision für die Akquisitions- und Verwaltungskosten des Erstversicherers abgezogen und häufig ein vertraglich vereinbarter Gewinnanteil vergütet wird[13]. Wenn z. B. der Zedent die Hälfte eines Risikos in Rückdeckung gibt, erhält der Rückversicherer üblicherweise die Hälfte der Originalprämie, abzüglich Provisionen. Dafür bezahlt dieser bei Eintritt des befürchteten Ereignisses die Hälfte des Schadens[14].

III. Die Bedeutung der Rückversicherung

Am besten läßt sich die Bedeutung der Rückversicherung in unserer modernen Welt an einem Beispiel illustrieren[15]:

Am 26. Juli 1956 stieß der italienische 29 000-Tonnen-Dampfer „Andrea Doria" mit dem schwedischen Passagierschiff „Stockholm" zusammen und sank innert kürzester Zeit. Der Totalverlust der „Andrea Doria" wird von den Londoner Lloyd's auf 60 Millionen Dollar beziffert. Davon entfallen 32 Millionen Dollar auf Schiffskörper und Maschinen und 28 Millionen Dollar auf die Einrichtung des Schiffes und den verlorenen Frachtgewinn. Dazu kommen noch über 116 Millionen Dollar Schadenersatzforderungen der Passagiere und der Besatzung, die an den Gerichten anhängig gemacht wurden.

Die Erbauer der „Andrea Doria" hielten das Schiff für absolut unsinkbar, so daß die Reederei glaubte, mit einer Versicherungssumme von 20 Millionen Dollar auskommen zu können. Von den 16 Millionen Dollar, die den Schiffskörper und die Maschinen betrafen, kamen rund 12 Millionen auf den Londoner Markt. Der Anteil der Schweizer Gesellschaften soll etwa 2½ Millionen Franken betragen haben.

---

[13] Über Rückversicherungsprämie und Provision vgl. u. a. Allaz 124; Ehrenberg, Rückversicherung 162; Garobbio 131 ff.; Herrmannsdorfer, Wesen und Behandlung 210 ff.; Hermann Wagner 29 ff. Über den Abrechnungsverkehr zwischen Erst- und Rückversicherer vgl. Schönenberger 17 ff.

[14] Über die technische Durchführung und die praktische Seite der Rückversicherung vgl. insbesondere Feer, Treaty 9 ff.; Hangartner 51 ff.; Herrmannsdorfer, Technik und Bedeutung 142 ff.; Metzger 53 ff.; Villotte 59 ff.; Vukailovic 37 ff.; Hermann Wagner 29 ff.; Wilke/Düker/Elle 323/24; Zeerleder 304 ff.

[15] Die nachfolgenden Daten sind einer Zusammenstellung entnommen, die der Bibliothekar der Schweizerischen Rückversicherungs-Gesellschaft in Zürich, H. Moos, über den Untergang der „Andrea Doria" gemacht und dem Verfasser freundlicherweise zur Verfügung gestellt hat.

Durch unübersehbar viele Retrozessionen[16] wurde das Risiko in der ganzen Welt weiter verteilt. So hört man z. B. von einer Schweizer Versicherungsgesellschaft, die Teilrisiken der „Andrea Doria" von 14 Zedenten aus 5 verschiedenen Ländern in Rückdeckung genommen hat. Den ihren Selbstbehalt übersteigenden Teil retrozedierte sie wiederum 25 anderen Gesellschaften in 7 verschiedenen Ländern[17].

Dank dem System der Rückversicherung brauchte die Reederei nur einen oder wenige Versicherungsverträge zu unterzeichnen. Hätte sie für die „Andrea Doria" lediglich Mitversicherungen abgeschlossen, wie kompliziert wäre es für sie gewesen, die auf dem ganzen Erdball verstreuten Mitversicherer zu belangen!

Dieses Beispiel[18] zeigt uns, wie der Gedanke der Versicherung, den Schaden des einzelnen auf viele Schultern zu verteilen, dank der Rückversicherung im großen verwirklicht werden kann: Die ganze Welt hilft den Schaden tragen, der ein Land getroffen hat.

Durch das Anwachsen der Versicherungssummen zu astronomischen Ziffern[19] ist die Rückversicherung nicht nur zum Rückgrat der Assekuranz geworden, sondern wird immer mehr conditio sine qua non des Versicherungswesens.

§ 2 Die wichtigsten Vertragsarten[1]

I. Die Spezial- oder Einzelrückversicherung

Bei der Spezial- oder Einzelrückversicherung entscheidet der Erstversicherer von Fall zu Fall, ob und wie hoch er die von ihm übernommenen Risiken rückversichern läßt. Auch der Rückversicherer ist nicht gebunden; er kann die ihm angebotenen Risiken in Rückdeckung nehmen oder ablehnen. Es handelt sich dabei immer nur um ein einziges, genau bestimmtes Risiko.

---

[16] Über die Retrozession vgl. hinten § 2 III.
[17] Froelich, The Review 88 (1957) 1318; deutsche Übersetzung in SVZ 25, 277.
[18] Zahlreiche weitere solche Beispiele finden sich bei Allaz 9 ff. Vgl. auch Manes I 209.
[19] Man denke an das Ausmaß der Atomrisiken!

[1] Musterbeispiele für die Vertragstexte der verschiedenen Rückversicherungstypen bei Cruziger, Praxis 211 ff.; Dammbach 27 ff.; Gobert 41 ff.; Golding, Law 148 ff.; Mainardi/Hillbrandt 43 ff.; Mori 43 ff.; Sturhahn 146 ff.; Thompson 307 ff.; Villotte 167 ff.

Spezialrückversicherungen sind heute seltener als früher. Sie werden meistens in Fällen geschlossen, wo dem Erstversicherer über seinen Selbstbehalt und die vertragliche Rückdeckung hinaus noch ungedeckte Beträge (sog. Superexzedenten) verbleiben[2].

II. Der laufende Rückversicherungsvertrag

Bei der laufenden Rückversicherung wird auf Grund eines Rahmenvertrages eine unbestimmte Anzahl künftiger Risiken während einer festgesetzten Zeitspanne im voraus rückversichert.

„... man ist mehr und mehr zum Instrument des allgemeinen oder laufenden Rückversicherungsvertrages übergegangen", schreibt *Froelich*[3] und fährt fort: „Dieses Instrument faßt eine große Anzahl Risiken zusammen, und, was wesentlich ist, es vermittelt *Vorausdeckung für alle im Rahmenvertrag bezeichneten Geschäfte*, d. h., wenn der Erstversicherer mehr Geschäfte übernimmt, als er auf eigene Rechnung laufen will, steht auf Grund des Vorausdeckungsvertrages der Rückversicherer im gleichen Moment im Risiko. Der Rückversicherer wird ohne sein weiteres Dazutun für den rückversicherten Teil gegenüber dem Erstversicherer — und nur diesem gegenüber — Gläubiger der anteiligen Prämien und Schuldner der entsprechenden Schäden."

In bezug auf die Bindung der Parteien lassen sich vier verschiedene Vertragstypen unterscheiden:

1. Der Vertrag ist für beide Parteien obligatorisch. Dies ist der häufigste Fall. Der Zedent ist verpflichtet, alle unter den laufenden Vertrag fallenden Risiken nach den Vertragsbedingungen rückversichern zu lassen. Umgekehrt muß der Rückversicherer alle diese Risiken akzeptieren. Hier beginnt der Rückversicherer normalerweise schon vom gleichen Moment an für die Rückversicherungssumme zu haften, in dem der Erstversicherungsvertrag zu wirken beginnt.

2. Der Vertrag ist für den Erstversicherer obligatorisch und für den Rückversicherer fakultativ. Der Rückversicherer kann die Rückdeckung der ihm nicht konvenierenden Risiken ablehnen.

3. Der Vertrag ist für den Rückversicherer obligatorisch und für den Erstversicherer fakultativ. Der Erstversicherer muß nur jene

---

[2] Vgl. Cruziger, Praxis 76.
[3] Froelich, Handbuch der Schweizerischen Volkswirtschaft II 304 ff.

Risiken abgeben, die er nicht allein zu tragen gedenkt, während der Rückversicherer verpflichtet ist, alle Angebote zu akzeptieren.

4. Der Vertrag ist für beide Parteien fakultativ. Jeder ist es freigestellt, Risiken zu zedieren bzw. zu akzeptieren.

Der laufende Rückversicherungsvertrag läßt sich auch nach der Art der Risikoteilung in verschiedene Vertragstypen einteilen:

A. Die Summenrückversicherung

1. Der Quotenvertrag

Durch den Quotenrückversicherungsvertrag beteiligt der Zedent einen oder mehrere Rückversicherer mit einer festen Quote an allen Risiken, die er innerhalb einer bestimmten Zeitspanne im betreffenden Versicherungszweig versichert[4].

2. Der Exzedentenvertrag

Die Rückversicherer werden nur an jenen Risiken beteiligt, die den Selbstbehalt des Erstversicherers übersteigen. Der den Selbstbehalt übersteigende Betrag wird Exzedent genannt und kann entweder quoten- oder staffelweise unter mehrere Rückversicherer verteilt werden. Eine staffelweise Teilung entsteht, wenn auch der Rückversicherer einen Selbstbehalt festsetzt. Übersteigt die Rückversicherungssumme den Selbstbehalt des ersten Rückversicherers, wird noch ein zweiter Rückversicherer an demselben Risiko beteiligt usw.[5].

Der Summenexzedentenvertrag kommt heute am häufigsten vor.

---

[4] Beispiel: Angenommen, der Selbstbehalt des Versicherers A betrage 20 % aller Risiken, die Quote des Rückversicherers B 40 % und die Quote des Rückversicherers C 40 %, so übernimmt bei einer Versicherungssumme von Fr. 100 000.— A Fr. 20 000.—, B Fr. 40 000.— und C Fr. 40 000.—. Vgl. die graphische Darstellung des Quotenvertrages bei Wilke/Düker/Elle 318.

[5] Beispiel: Selbstbehalt des Versicherers A Fr. 40 000.—, Versicherungssumme Fr. 200 000.—. Der Exzedent beträgt in diesem Falle Fr. 160 000.—. Bei einer quotenweisen Verteilung, bei welcher der Rückversicherer B eine Quote von 75 % und C eine solche von 25 % des Exzedenten übernimmt, erhält B Fr. 120 000.— und C Fr. 40 000.—. Wird der Exzedent staffelweise unter die Rückversicherer verteilt, und der Selbstbehalt des B beträgt Fr. 80 000.—, so erhält C Fr. 80 000.—. Hat C nur einen Selbstbehalt von Fr. 50 000.—, so wird noch ein dritter Rückversicherer mit Fr. 30 000.— am gleichen Risiko beteiligt. Vgl. graphische Darstellung des Exzedentenvertrages bei Wilke/Düker/Elle 320.

3. Der Quotenexzedentenvertrag

Durch Verbindung des Quotenvertrages mit dem Exzedentenvertrag entsteht der Quotenexzedentenvertrag. Der Rückversicherer erhält wie beim Quotenvertrag eine Quote aller Risiken des Erstversicherers. Übersteigt der Restbetrag nach Abzug der in Rückversicherung gegebenen Quoten den Selbstbehalt des Erstversicherers, so erhält ein Rückversicherer den daraus entstehenden Exzedenten neben der ihm bereits zugeteilten Quote[6].

B. Die Schadenrückversicherung

Während man bei der Summenrückversicherung vom möglichen Schaden ausgeht, ist bei der Schadenrückversicherung der effektive Schaden maßgebend. Die Risiken werden nicht nach der Höhe der Rückversicherungssumme, sondern nach dem in Wirklichkeit entstandenen Schaden aufgeteilt. Der Erstversicherer setzt einen bestimmten Schadenselbstbehalt fest, bis zu dessen Höhe er alle Schäden selbst zu decken gedenkt. Entsteht ein Schadenexzedent, so wird er, genau wie beim Summenexzedentenvertrag, quoten- oder staffelweise unter die Rückversicherer verteilt. Der Schadenexzedent kann sich entweder nach einem einzelnen Schaden oder nach dem gesamten Schadenaufwand eines ganzen Jahres richten.

Schadenexzedentenverträge kommen vor allem bei der Haftpflichtversicherung vor.

C. Gefahrenrückversicherung

Der Rückversicherer übernimmt nur den Schaden, der auf bestimmte Schadenereignisse zurückzuführen ist, z. B. bei der Vieh- oder Seeversicherung nur den Feuerschaden oder bei der Feuerversicherung nur den durch Explosion verursachten Schaden.

III. Der Retrozessionsvertrag[7]

Wie der Erstversicherer muß auch der Rückversicherer die von ihm eingegangenen Risiken in möglichst homogene Klassen einteilen. Die

---

[6] Beispiel: Quote des Zedenten A 20 %, Selbstbehalt des A Fr. 30 000.—, Quote der Rückversicherer B und C je 40 %, Versicherungssumme Fr. 200 000.—. B und C erhalten je Fr. 80 000.—. Da der Selbstbehalt des A um Fr. 10 000.— überschritten wird, erhält jener Rückversicherer, welcher den Quotenexzedentenvertrag abgeschlossen hat, neben seiner Quote noch den Exzedenten, total also Fr. 90 000.—.

[7] Vgl. ein Beispiel für einen Retrozessionsvertrag bei Gobert 102 ff.

Risikoteile, welche nicht in sein Versicherungs-Portefeuille passen, übergibt er einem weiteren Rückversicherer. Diese zweite Rückversicherung nennt man Retrozession.

Auch der Retrozessionar kann Teile der von ihm übernommenen Risiken — falls sie seinen Selbstbehalt übersteigen — weiter retrozedieren. So entstehen lange Ketten von Retrozessionen.

Die Retrozession folgt denselben Regeln wie die Rückversicherung[8, 9].

---

[8] Vgl. eine Aufstellung über die Gesetzgebung der Rückversicherung in den einzelnen Ländern bei Mainardi/Hillbrandt 3 ff.; Mori 101 ff.

[9] Weitere Vertragsarten bei Allaz 39 ff.; vgl. über den Versicherungspool insbesondere Heinz Fehlmann, Der Versicherungspool, Zürcher Beiträge zur Rechtswissenschaft NF 136, Diss. Zürich 1948; Hangartner 15.

Erstes Kapitel

Der Ursprung der Rückversicherung

§ 3 Die Entstehung der Erwerbsversicherung

I. Vorbemerkungen

Betrachtet man die Geschichte des Versicherungswesens näher, so erkennt man drei Entwicklungslinien, welche verschiedenen Ursprungs sind, sich aber in jüngster Zeit immer näher kommen: Die Versicherung auf Gegenseitigkeit, die staatliche Zwangsversicherung und die Erwerbsversicherung.

1. Die Versicherung auf Gegenseitigkeit

Die Versicherung auf Gegenseitigkeit oder mutuelle Versicherung beruht auf einer Selbsthilfeorganisation von Schckisalsgenossen, die alle derselben Gefahr ausgesetzt sind. So können sich z. B. Karawanenreisende oder Hauseigentümer zusammenschließen, um alle Verluste eines ihrer Gefährten aus einer gemeinsamen Kasse, in welche sie regelmäßig Beiträge liefern, zu decken. Reicht diese Kasse nicht aus, sämtliche Schäden zu bezahlen, so werden Nachschußbeiträge erhoben. Entsteht hingegen ein Überschuß, so wird er unter den Mitgliedern verteilt[1].

Zahlreiche Beispiele solcher mutuellen Versicherungen sind bei den alten Gilden und Zünften zu finden[2].

Die Risiken, welche in früheren Jahrhunderten auf Gegenseitigkeit versichert wurden, waren noch nicht so groß wie in der neuesten Zeit.

---

[1] Näheres über die Versicherung auf Gegenseitigkeit bei Dernburg/Kohler VI 377 ff.; Hagen bei Ehrenberg 1. Abt. 101 ff.; Mahr 45 ff.; Manes I 126.

[2] Vgl. u. a. Büchner 3/4, 6/7; Braun, Geschichte 13 ff.; R. Ehrenberg ZVW 1, 104 ff.; Halpérin 19 ff.; Mahr 40 ff.; Sack 96 ff.; Schmitt-Lermann 5; Trennery 274 ff.

Da sie bei der mutuellen Versicherung von vornherein auf viele Schultern verteilt waren, drängte sich deshalb früher noch keine weitere Risikoteilung oder gar eine Totalabwälzung der weniger günstig erscheinenden Risiken auf. Erst im letzten Jahrhundert — als die versicherten Werte ein immer größeres Ausmaß erreichten, und die Rückversicherung sich dank den Pionierleistungen der Erwerbsversicherung durchgesetzt hatte — gingen auch die Versicherungsgesellschaften auf Gegenseitigkeit dazu über, Rückdeckung zu suchen. Die mutuellen Versicherungsanstalten mußten sich, wie *Sack*[3] schreibt, unter dem Druck der Verhältnisse von ihrem Vorurteil gegenüber der Rückversicherung lossagen.

Die Versicherung auf Gegenseitigkeit ist daher für die Entstehungsgeschichte der Rückversicherung bedeutungslos, so daß wir nicht auf ihre Vergangenheit einzugehen brauchen[4].

2. Die staatliche Zwangsversicherung

Bei der staatlichen Zwangsversicherung veranlaßt der Staat seine Bürger, bestimmte Güter bei einer staatlichen Versicherungsanstalt versichern zu lassen. Das älteste bekannte Beispiel einer staatlichen Zwangsversicherungsanstalt stammt aus Portugal. Zur Regierungszeit König Fernandos (1367—1383) wurden alle Besitzer größerer Schiffe gezwungen, ihre Schiffe versichern zu lassen[5]. Später finden wir immer wieder Staaten, welche zur Vermeidung des Brandbettels und zur Sicherung des Hypothekarkredites Feuerversicherungskassen einrichteten, in welche alle Hauseigentümer einzutreten hatten[6].

Die staatlichen Versicherungsanstalten konnten unbedenklich auch die größten Risiken übernehmen, weil der Staat im schlimmsten Falle subsidiär für die Verluste haftete. Deshalb war es nicht nötig, größere Risiken bei fremden Versicherern in Rückdeckung zu geben. Auch

---

[3] Sack 104.
[4] Vorläufer der Versicherung auf Gegenseitigkeit finden wir schon in der frühen Antike. Vgl. u. a. Bluntschli/Brater XI 35 ff.; Büchner 1/2; R. Ehrenberg ZVW 1, 101 ff.; Goldschmidt, Handelsrecht 355/56; ders. ZHR 35, 41 ff.; Hagen bei Ehrenberg 1. Abt. 5/6; Krüger 1 ff.; Liebig, Seeversicherung 6; Manes I 30 ff.; Müller ZVW 6, 209 ff.; Schneider, 13/14; Schreiegg 5; Trennery 243 ff.; Wilke/Düker/Elle 16/17; Yokohama 296 ff.
[5] Reatz 42 ff.; The Review 88 (1957) 402/403.
[6] Vgl. Büchner 7; Liebig 15 ff.; Mahr 44 ff.

hier fand die Rückversicherung aus diesem Grund erst im 19. Jahrhundert Eingang, als endlich die staatlichen Anstalten deren Vorteile ebenfalls einzusehen begannen.

Da auch die staatliche Zwangsversicherung keinen Einfluß auf den Werdegang der Rückversicherung auszuüben vermochte, können wir sie in unseren Betrachtungen ebenfalls beiseite lassen.

3. Die Erwerbsversicherung

Wie der Name sagt, betreibt bei der Erwerbsversicherung — auch Versicherung gegen feste Prämie genannt — der Assekurateur das Versicherungsgewerbe, um sich einen Erwerb zu verschaffen. Die Erwerbsversicherung verdankt ihre erste Ausbreitung jenen waghalsigen Spekulanten, die wegen der verlockenden Aussicht, ohne viel Arbeit eine große Prämie einstecken zu können, den Schiffsbesitzern das Seerisiko abnahmen. Die Assekurateure mußten aber jederzeit darauf achten, möglichst keine Risiken einzugehen, die ihre Kräfte hätten übersteigen können. Bei einem großen Schaden waren keine Nachschußzahlungen wie bei der mutuellen Versicherung möglich, und staatliche Hilfe durfte auch nicht erwartet werden. Der Assekurateur sah sich gezwungen, andere Mittel zu suchen, um seine Risiken zu begrenzen und einen Risikoausgleich zu ermöglichen. So bot die Erwerbsversicherung den nötigen Raum und ein günstiges Klima zur Entfaltung der Rückversicherung.

Wir beschränken uns deshalb bei der Betrachtung der Geschichte des Versicherungswesens im Hinblick auf die Entstehung der Rückversicherung darauf, nur die Entwicklung der Erwerbsversicherung zu verfolgen.

Die Erwerbsversicherung hat sich im 14. Jahrhundert aus dem Seedarlehen entwickelt[7]. Bevor wir uns aber dem Übergang vom Seedarlehen zur Versicherung zuwenden, wollen wir uns kurz die geschichtliche Lage des Spätmittelalters vor Augen führen, ist doch jede Neuschöpfung des Wirtschaftslebens eng mit den allgemeinen geschichtlichen Vorgängen verknüpft.

---

[7] In der Antike finden wir nur Spuren der Erwerbsversicherung, bei denen die charakteristischen Merkmale der Versicherung noch fehlen. Vgl. u. a. Bezold 8 ff.; Bluntschli/Brater XI 35 ff.; Dover 1 ff.; Endemann ZHR 9, 285 ff.; Halpérin 14 ff.; Kracht 3 ff.; Krüger 2 ff.; Pöhls I 4 ff.; Trennery 107 ff., 261 ff.; Winter 1 ff.

II. Überblick über die geschichtliche Lage beim Aufkommen der Erwerbsversicherung

Als Folge der Kreuzzüge hatten die *Städte am Mittelmeer* großen Gewinn davongetragen. Die Mittelmeerhäfen wurden zum Zentrum des europäischen Handels. In Italien stritten sich die großen Hafenstädte Pisa, Genua und Venedig um die Hegemonie des bis weit nach Asien reichenden Handelsverkehrs. In Florenz entstanden große Bankhäuser, die an allen wichtigen Handelsplätzen ihre Niederlassungen errichteten. Spaniens wichtigster Hafen für den Handel mit dem Morgenland war Barcelona.

Der bedeutendste Hafen des Nordens und Treffpunkt unzähliger Händler aus aller Welt war die flandrische Stadt *Brügge*. Die Seeverbindungen mit Skandinavien und dem Mittelmeer machten Brügge zum wichtigsten Vermittler zwischen Nord und Süd.

In *Deutschland* wechselten die Kaiser einander im 14. und 15. Jahrhundert in kurzer Folge ab, ohne daß es einem der Herrscher gelungen wäre, das kaiserliche Ansehen wieder herzustellen und dem fortschreitenden Zerfall des Reiches Einhalt zu gebieten. Unter der Führung Lübecks gelang es den Städten des Hansabundes, eine dominierende Stellung im Handelsverkehr zu erlangen. Mit dem Sieg der Hanse über Waldemar von Dänemark im Jahre 1380 gewann der Hansabund die Herrschaft über die Ostsee.

Frankreich und *England* wurden durch den hundertjährigen Krieg wirtschaftlich stark geschwächt, so daß sie im Spätmittelalter keine führende Rolle im europäischen Handel zu spielen vermochten.

Die *Päpste* waren von 1309—1377 in „babylonischer" Gefangenschaft zu Avignon. Die kirchliche Gesetzgebung gegen den Wucher[8], welche jeglichen Zins verbot, hemmte zwar noch immer die Handelsgeschäfte, doch vermochte sie sich nicht völlig durchzusetzen. Man suchte überall Mittel und Wege, um die verbotenen Zinsen zu verschleiern. *Pirenne/Beck* schreiben dazu: „Alles in allem scheint die Gesetzgebung gegen den Zins nicht mehr ausgerichtet zu haben als die Prohibitionsakte in Amerika gegen den Alkoholverbrauch vermochten[9]".

---

[8] Vgl. darüber W. Plöchl, Geschichte des Kirchenrechts, Wien und München 1955, II 399/400.
[9] Pirenne/Beck 137.

III. Vom Seedarlehen zur reinen Versicherung

Das Seedarlehen wurde von *Ihering* als das Assekuranzgeschäft des Altertums bezeichnet[10]. Ein Geldgeber gewährt einem Schiffsbesitzer ein Darlehen, welches dieser nur bei glücklicher Ankunft des Schiffes zurückzuzahlen hat. Das dabei entstehende Risiko wird dadurch kompensiert, daß die bei Ankunft des Schiffes zurückzuerstattende Summe wesentlich höher ist als das ursprünglich entrichtete Darlehen.

Das Seedarlehen unterscheidet sich von der Versicherung im wesentlichen dadurch, daß der Darleiher die Entschädigung für sein Risiko nur beim glücklichen Ausgang der Gefahr erhält, während beim Versicherungsvertrag die Risikoprämie unabhängig vom Eintritt des befürchteten Ereignisses im voraus zu bezahlen ist.

Zu Beginn des 14. Jahrhunderts ging man dazu über, die das Geschäft komplizierende Doppelzahlung zu vermeiden. Der Geldgeber kreditierte die Summe und versprach dafür, sie erst dann zu bezahlen, wenn das Schiff nicht glücklich am Bestimmungsort ankomme. So entstand eine Umkehrung des bisherigen Vertragsverhältnisses der beiden Parteien: Das Seedarlehen war ein resolutivbedingter Vertrag, bei dem der Schiffsbesitzer der versprechende Teil war und von der günstigen Beendigung des Risikos ausgegangen wurde. Bei dem durch die Kreditierung des Darlehens entstehenden suspensivbedingten Vertrag verspricht der Darleiher die Leistung, wobei von der ungünstigen Beendigung des Risikos ausgegangen wird.

In dem Moment, wo der Schiffsbesitzer die Prämie nicht erst bei der glücklichen Ankunft des Schiffes, sondern bedingungslos und unabhängig vom Ausgang des Risikos bei Vertragsabschluß bezahlte, entstand ein echter Versicherungsvertrag[11].

Dieser älteste Versicherungsvertrag sah allerdings noch anders aus als heute, denn lange lassen sich, wie *Goldschmidt*[12] sich ausdrückt, an der Prämienassekuranz die Eierschalen des Seedarlehens erkennen.

---

[10] Zitiert bei Goldschmidt, Handelsrecht 363.
[11] Betreffend den Übergang vom Seedarlehen zur reinen Versicherung vgl. u. a. Bezold 12 ff.; Blumhardt 66 ff.; Ehrenberg bei Binding 27 ff., 35 ff.; Goldschmidt, Seeversicherung 204 ff.; ders., Handelsrecht 362 ff.; Hagen bei Ehrenberg 1. Abt. 4/5; Hellauer 22 ff.; Liebig, Seeversicherung 11 ff.; Mahr 48 ff.; Sack 42 ff.; Schaube, Übergang 481 ff.; ders., Versicherungsgedanke 175 ff.; Schreiegg 16 ff.
[12] Goldschmidt, Handelsrecht 364.

Man fingiert ein Darlehen, das der Versicherer dem Versicherten gegeben hätte. Der Versicherte zahlt die Prämie gegen das Versprechen des Versicherers, das — in Wirklichkeit gar nie erhaltene — Darlehen bei Nichtankunft des Schiffes zurückzubezahlen.

Durch das Wucherverbot Papst Gregors IX. wurde jeglicher Zins verboten[13]. Man kleidete daher die Verpflichtung des Versicherers nach dem Grundsatz „emptio tollit praesumptionem usuriae" häufig in einen Kaufvertrag. Nachdem der Versicherte die Prämie stillschweigend bezahlt hatte, erklärte der Versicherer, er habe dem Versicherten das Schiff oder die Ware unter der Resolutivbedingung abgekauft, daß es seinen Bestimmungsort nicht erreiche. Kommt das Schiff in seinem Hafen an, so ist der Vertrag unwirksam. Falls dem Schiff ein Unglück passiert, muß der Versicherer den Kaufpreis (nämlich die Versicherungssumme) bezahlen.

IV. Die ältesten Versicherungsverträge

Die Ansichten gehen auseinander, wann zum erstenmal ein echter Versicherungsvertrag abgeschlossen worden sei. Einig ist man sich, daß vor 1300 kaum ein solcher Vertrag existiert haben kann, weil weder in den zahlreichen Marseiller Urkunden, noch in den vielen überlieferten Urkunden des Orients Anhaltspunkte zu finden sind, welche darauf schließen lassen, daß bereits im 13. Jahrhundert Versicherungsverträge bekannt waren. Man darf annehmen, daß im positiven Fall sicher irgendein Anhaltspunkt in diesen Urkunden anzutreffen wäre[14].

Bensa fand in den Genueser Notariatsarchiven verschiedene Urkunden aus dem ersten Drittel des 14. Jahrhunderts, die auf die Möglichkeit hinweisen, daß damals schon Versicherungen abgeschlossen wurden[15]. Die Meinungen über die Bedeutung dieser Urkunden sind aber unterschiedlich. Besonders umstritten ist eine Urkunde vom 22. April 1329[16]. Meinungsverschiedenheiten bestehen auch darüber,

---

[13] Um 1234, Dekret „Naviganti vel eunti ad nundinas", vgl. Goldschmidt, Seeversicherung 205; Liebig, Seeversicherung 11/12.
[14] Goldschmidt, Handelsrecht 360.
[15] Bensa, AssJahrb 8 III ff.
[16] Vgl. Adler 170 ff.; Bensa, Contratto Doc. II; Ehrenberg ZHR 32, 274; Goldschmidt, Seeversicherung 208 ff.; ders., Handelsrecht 360 Anm. 80; Schaube, Beschaffenheit 40 ff., 504 ff.

ob die Prämie damals schon bei Vertragsabschluß entrichtet wurde[17]. Schließlich gehen die Ansichten über eine Angabe der aus dem 17. Jahrhundert stammenden „Chronyke van Vlanderen en Brabant" auseinander. Die Chronik berichtet im 9. Kapitel, daß in Brügge schon im Jahre 1310 eine Versicherungskammer existiert habe[18].

Wir wollen zu diesen Streitfragen nicht näher Stellung nehmen, sondern uns mit der Tatsache begnügen, daß die älteste noch vorhandene Urkunde eines echten Versicherungsvertrages, die *Bensa* in Genua entdeckt hat, vom 23. Oktober 1347 stammt[19]. Es handelt sich dabei um die Kaskoversicherung eines Schiffes, während der zweitälteste überlieferte Vertrag, der aus dem Jahre 1348 stammt[20], eine Warenversicherung betrifft.

Die ältesten Versicherungsverträge waren alle in lateinischer Sprache abgefaßt und entweder in die Form eines Darlehens oder eines Kaufvertrages gekleidet. Die beiden ersten Verträge, die nicht mehr die Form eines anderen Rechtsgeschäftes trugen, stammen aus Pisa (1385) und aus Florenz (1397)[21]. Es sind zugleich die frühesten der Nachwelt überlieferten Urkunden, die in italienischer Sprache ausgestellt wurden.

Verschiedene Anhaltspunkte weisen darauf hin, daß das Versicherungswesen in Italien rasch einen größeren Aufschwung nahm. Viele Urkunden aus den frühesten Jahren der Assekuranz sind der Nachwelt überliefert worden[22]. Auch zahlreiche Gerichtsurteile, welche aus dem Ende des 14. und dem Anfang des 15. Jahrhunderts stammen

---

[17] Vgl. Adler 162 ff.; Ehrenzweig, AssJahrb 11 III 24 ff.; Goldschmidt, Handelsrecht 365.

[18] Vgl. Arnould 265; Braun, Geschichte 31; Golding, History 11; Goldschmidt, Handelsrecht 358 Anm. 75; Hémard I 152; Pardessus, Collection II 370; Pöhls I 8 Anm. 14; Reatz 38/39; Trennery 265/66; Winter 6/7.

[19] Vgl. den lateinischen Originaltext bei Adler 201/202; Bensa, Contratto Doc. III. Abdruck der Urkunde in Versicherungs-Wirtschaft 3 (1948) 22, 2. Umschlagsseite. Englische Textübersetzung bei Golding, History Appendix „A".

[20] Adler 202; Bensa, Contratto Doc. IV; Schaube, Übergang 485 ff.

[21] Text bei Adler 199—201; Bensa, Contratto Doc. XI und XIV; vgl. Schaube, Übergang 496.

[22] Vgl. Adler 199 ff.; Bensa, AssJahrb 10 III 3 ff.; Stefani I 72/73, 96/97, 104/105, sowie die Dokumentensammlung.

und die sich mit Streitigkeiten aus Versicherungsverträgen befassen, sind erhalten geblieben[23].

Die Genueser Regierung beschloß im 15. Jahrhundert, die Versicherungspolice mit einer Abgabe zu belegen. *Bensa* fand ein Verzeichnis[24], welches die Eingänge dieser Gebühren während mehr als 30 Jahren der ersten Hälfte des 15. Jahrhunderts wiedergibt. Da der Prozentsatz dieser Gebühren bekannt ist, kann man aus den in dieser Aufstellung genannten Jahressummen auf eine nicht unbeträchtliche Anzahl von abgeschlossenen Versicherungen schließen.

Die Versicherung konnte sich auch auf der Iberischen Halbinsel durchsetzen und war bald an allen wichtigen Häfen des Mittelmeeres bekannt. Nach kurzer Zeit entstanden überall gesetzliche Bestimmungen, welche das Versicherungswesen ordneten[25].

Dieser rasche Aufschwung des jungen Versicherungsgewerbes ist nicht verwunderlich, wenn man sich die damalige Situation der Kaufleute vor Augen hält: Durch die andauernden Kriege der miteinander rivalisierenden italienischen Hafenstädte mußten die Schiffsbesitzer jederzeit damit rechnen, daß ihre Schiffe von den Feinden erobert wurden. Dazu kam noch, daß die Kaperung von Schiffen durch Piraten an der Tagesordnung war. Nach *Pirenne/Beck*[26] wurde die Piraterie mit der Rührigkeit eines eigentlichen Gewerbes praktiziert. Da die Kaufleute ihr ganzes Vermögen in Waren und Schiffen investiert hatten, hing ihre Existenz von der glücklichen Ankunft ihrer Schiffe ab[27]. Die Versicherung brachte ihnen nun die Möglichkeit, dieses außerordentlich große Risiko gegen eine feste Prämie auf fremde Schultern abzuwälzen.

§ 4 Der Genueser Rückversicherungsvertrag von 1370

I. Der Vertragstext

Bensa entdeckte in den Genueser Notariatsarchiven folgenden Vertrag aus dem Jahre 1370:

---

[23] Bensa, AssJahrb 10 III 3 ff.; Stefani 72/73, sowie die Dokumentensammlung.
[24] Bensa, AssJahrb 8 III 4—6.
[25] Vgl. hinten § 7 II.
[26] Pirenne/Beck 139.
[27] Man erinnere sich an die Lage von Shakespeares Kaufmann von Venedig.

„1370, 12 Luglio.

Nos Griffedus Benavia et Martinus Maruffus cives Janue confitemur tibi Bartholomeo Lomellino civi Janue q. Sorleonis, nos a te emisse, habuisse et recepisse tot de tuis rebus et mercibus — Renunciantes... dare et solvere libras centum vigintiquinque Janue hinc ad menses sex proxime venturos, videlicet quilibet nostrum libras LXII et sol. x jan. sub etc.

Salvo et specialiter reservato, si illa quantitas quarumcumque rerum et mercium, ad rixicum cuius Jullianus Grillus se obligavit Johanni Sacho sub certa reservatione, juxta formam publici instrumenti, scripti manu publici notarii, et que onerata fuit in cocha patronicata[1] per Bartholomeum Verme de Baulo, vel alium pro eo, in portu Clusarum de Flandria, sana et salva conducta et exonerata fuerit, tunc et eo casu presens instrumentum sit cassum et nullius valoris et prorata.

Ex rixicum huiusmodi inceptum esse intelligatur quum dicta cocha in Cadese primo applicuit.

In margine: Eundo Clusas recto viagio; possit capere ubicumque. Non teneamur de aliquo tributo dato seu soluto in Cadese alicui. Qui Bartholomeus proptestatur quod presens debitum est Juliani Grilli.

Actum ut s.[2]."

---

[1] Bei Sack (48) steht „patronizata".
[2] Der Originaltext ist zu finden bei Bensa, Contratto Doc. VIII, und Sack 48/49.
Die deutsche Übersetzung von Sack (Anm. 71) lautet:
„12. Juli 1370.

Wir, Goffredo di Benavia und Martino Maruffo, Bürger von Genua, bekennen dir, Bartholomeo Lomellino, Bürger zu Genua und Sori (?), daß wir von dir soviel von deinen Gütern und Waren gekauft, übernommen und empfangen haben — unter Verzicht... (desgleichen verheißen wir), einhundertfünfundzwanzig Pfund genuesischer Währung innerhalb der nächsten sechs Monate, vom heutigen Tage an gerechnet, zu geben und auszuzahlen, und zwar jeder von uns zweiundsechzig Pfund und zehn Solidi genuesischer Währung... usw.

Wir machen dabei den billigen und ausdrücklichen Vorbehalt, daß — wenn jene Menge an irgendwelchen Gütern und Waren, für deren Risiko

Sack erläutert den Tatbestand des Vertrages klar und prägnant, so daß wir seine Ausführungen hier wörtlich zitieren wollen[3]:

> „Die genuesischen Bürger Goffredo di Benavia und Martino Maruffo bestätigen (als Rückversicherer) dem (im Auftrage des Erstversicherers Giuliano Grillo abschließenden) Bartholomeo Lomellino, von ihm Waren gekauft zu haben. Sie erklären gleichzeitig, diese innerhalb der nächsten sechs Monate, vom Tage des Vertragsabschlusses an gerechnet, mit 125 Pfund genuesischer Währung, und zwar jeder 62 Pfund und zehn Solidi, zu bezahlen; jedoch nur dann, wenn die Waren, für deren Risiko sich (der Erstversicherer) Giuliano Grillo dem (Versicherten, Erstversicherungsnehmer) Giovanni Sacco gegenüber unter einem bestimmten Vorbehalt gemäß *eines Vertrages* (des Erstversicherungsvertrages) verpflichtet hat, und die auf ein dem Bartholomeo Verme de Baulo oder einem anderen an seiner Stelle gehöriges Schiff geladen worden sind, im Hafen von Clusae (Sluys) *nicht* wohlbehalten und sicher angekommen und ausgeladen worden sind. Das Risiko, das (die Rückversicherer) Goffredo di Benavia und Martino Maruffo unter Ausschluß irgendwelcher an irgend jemanden in Cadix zu leistender Abgaben übernehmen, beginnt mit der Ankunft des besagten Schiffes in Cadix und endet erst nach *direkter* Fahrt in Clusae (Sluys). Abschließend bestätigt (der Makler) Bartholomeo Lomellino, daß (der Erstversicherer) Giuliano Grillo der Gläubiger der im Vertrage näher bezeichneten Schuld ist.

Der Vorbehalt, von dem im Vertrag die Rede ist, wird wohl

Giuliano Grillo sich dem Giovanni Sacco gegenüber unter gewissem Vorbehalt gemäß einer Notariatsurkunde verpflichtet hat und die auf ein dem Bartholomeo Verme de Baulo (?) oder einem anderen an seiner Stelle gehöriges Schiff geladen worden ist, im Hafen von Clusae in Flandern wohlbehalten und sicher angekommen und ausgeladen worden ist — vorliegendes Instrument null und nichtig und ohne Rechtskraft ist.
Es soll vereinbart sein, daß dieses Risiko beginnt, wenn das besagte Schiff erstmalig in Cadix anlegt.
Am Rande: Gerader Kurs nach Clusae; kann überall laden.
Betreffs irgendwelcher an irgend jemanden in Cadix zu zahlender und zu leistender Abgaben soll für uns keine Verpflichtung bestehen.
Der genannte Bartholomeo bestätigt, daß vorliegendes eine Schuld an Giuliano Grillo darstellt.
Ausgefertigt wie oben."

[3] Sack 49/50.

der gewesen sein, daß der Erstversicherer Grillo das Risiko nur dann in Deckung zu nehmen gewillt war, wenn er für die gefährlichere Fahrt ab Cadix anderweitig Rückversicherungsschutz erhalten konnte."

Erstversicherungs-
vertrag für die
Strecke Genua—Sluys { Versicherter = Giovanni Sacco

Erstversicherer = Giuliano Grillo

Rückversicherungs-
vertrag für die
Strecke Cadix—Sluys { Makler = Bartholomeo Lomellino (handelt im Auftrag von Giuliano Grillo)

Rückversicherer { Goffredo di Benavia
Martino Maruffo

II. Die wirtschaftliche und versicherungstechnische Würdigung des Vertrages

Welches waren die kaufmännischen Überlegungen, die Grillo veranlaßten, diesen Vertrag mit Benavia und Maruffo abzuschließen?

Grillo hatte vielleicht bei früheren Versicherungen die Erkenntnis gewonnen, daß die Strecke von Genua nach Cadix, der mittelländischen Küste Spaniens entlang, meist ohne Zwischenfälle befahren wurde. Schlechtere Erfahrungen wird er wohl mit der Route von Cadix nach Sluys[4] gemacht haben, welche durch den Golf von Biscaya und den Ärmelkanal führt. Grillo wollte kein Risiko mehr für diese gefährlichere Strecke eingehen und hoffte, daß vielleicht ein anderer Versicherer, der weniger Befürchtungen hegte, bereit wäre, das Risiko für die Route von Cadix nach Sluys zu übernehmen. Um ganz sicher zu gehen, wurde sehr wahrscheinlich im Erstversicherungsvertrag mit Sacco die Bedingung aufgenommen, daß Grillo das Risiko nur übernehme, wenn er für die Strecke von Cadix nach Sluys Rückdeckung finde. Grillo ermittelte wirklich zwei waghalsige Versicherer, die miteinander das Risiko für diese Route übernahmen, so daß das Risiko, welches Grillo für sich behielt, auf die Strecke von Genua bis Cadix begrenzt wurde.

Das Motiv, das zu diesem Rückversicherungsvertrag geführt hatte, war von den Überlegungen, die heute den Abschluß von Rückversicherungen bestimmen, noch gänzlich verschieden. Heute würde Grillo

---

[4] Vorhafen von Brügge, an der Einmündung des Zwyn gelegen. (Vgl. Pirenne/Beck 143.)

übrigens Schwierigkeiten haben, eine gleichartige Rückdeckung zu finden, weil die Rückversicherer im Prinzip darauf bedacht sind, nur Risiken zu übernehmen, an denen der Rückversicherte einen Selbstbehalt trägt.

Alle jene Aufgaben der Rückversicherung, dank denen die Reassekuranz ihre heute nicht mehr wegzudenkende Bedeutung erlangt hat — wie die Nivellierung und Atomisierung der Risiken —, waren beim Abschluß dieses ersten Rückversicherungsvertrages noch unbekannt. Dies ist wohl der Grund, warum die frühesten Rückversicherungen in der Literatur häufig nur als rückversicherungsähnliche Geschäfte bezeichnet werden[5]. *Van der Haegen* negiert sogar jegliche Existenz einer Versicherung strictu sensu vor der zweiten Hälfte des 17. Jahrhunderts[6]. Er greift dabei *Halpérin* an, der in seinem Werk „Les assurances en Suisse et dans le monde" von moderner Versicherung schon zur Zeit der blühenden Handels- und Finanztätigkeit des Mittelalters spricht. Van der Haegen hebt hervor, die Versicherung beruhe wesentlich auf ihrer mathematisch wissenschaftlichen Grundlage. Ohne die wissenschaftliche Wahrscheinlichkeitsrechnung von Fermat, Pascal und Huyghens und die „Ars Coniectandi" von Jacob Bernoulli seien die Grundlagen für die Versicherungsmathematik jedoch noch nicht gegeben gewesen[7].

Vom versicherungstechnischen Standpunkt aus betrachtet mag van der Haegen durchaus recht haben, und auch wirtschaftlich gesehen kann man bestreiten, daß die Rückversicherung in ihren frühesten Stadien vollkommen gewesen sei und den heutigen Voraussetzungen genügt hätte. Es soll nun aber im folgenden Abschnitt *juristisch* geprüft werden, ob der Genueser Vertrag von 1370 als ein echter Rückversicherungsvertrag angesehen werden darf.

III. Die juristische Würdigung des Vertrages

Damit der Genueser Vertrag von 1370 vom juristischen Standpunkt aus gesehen als echter Rückversicherungsvertrag bezeichnet werden kann, muß er drei Voraussetzungen erfüllen[8]:

---

[5] Vgl. z. B. „100 Jahre Kölnische Rückversicherungs-Gesellschaft" 11; van der Haegen 29.

[6] van der Haegen 28.

[7] van der Haegen 28.

[8] Vgl. vorne § 1 II.

1. Alle juristischen Essentialia des Versicherungsvertrages müssen gegeben sein:

a) Es muß ein selbständiger Konsensualvertrag vorliegen.

Das ist beim Vertrag von 1370 der Fall, denn er wurde von Lomellino, dem Beauftragten des rückversicherten Grillo einerseits, und von den Rückversicherern Benavia und Maruffo anderseits unterzeichnet.

b) Der Rückversicherungsvertrag hat zweiseitig zu sein. Beide Parteien sind zugleich berechtigt und verpflichtet.

Die Leistung der Rückversicherer Benavia und Maruffo ist das Versprechen, bei Eintritt des befürchteten Ereignisses zusammen 125 Pfund genuesischer Währung zu bezahlen, wobei jeder von ihnen 62 Pfund und 10 Solidi zu tragen hat.

Die Leistung des Rückversicherungsnehmers Grillo besteht in der Bezahlung der Rückversicherungsprämie, die aber im Vertrag nicht ausdrücklich erwähnt wird.

Das ist nicht verwunderlich, ist es doch gerade der Zweck der Verkleidung des Assekuranzgeschäftes in einen Kaufvertrag, daß keine Prämie genannt wird. Auf diese Weise soll das kirchliche Wucherverbot[9] umgangen werden. Hätten die beiden Rückversicherer vorher die Prämie nicht stillschweigend eingesteckt, so würden sie diesem Vertrag wohl kaum zugestimmt haben.

c) Der Vertrag muß aleatorischer Natur sein.

Das zukünftige ungewisse Ereignis ist die Beschädigung oder der Verlust der Waren des Sacco auf der Strecke von Cadix nach Sluys.

2. Der Gegenstand der Rückversicherung muß das Interesse der Rückversicherer sein, für die im Versicherungsfall fällige Schadenersatzleistung gegenüber dem Hauptversicherten nicht selbst aufkommen zu müssen.

Gegenstand des vorliegenden Versicherungsvertrages ist das Interesse des Grillo, bei Beschädigung oder Verlust der Waren des Sacco auf der Strecke von Cadix nach Sluys die diesem versprochene Schadenersatzleistung nicht selbst tragen zu müssen. Damit ist auch dieses Erfordernis erfüllt.

3. Zwischen den Rückversicherern und dem Hauptversicherten dürfen keine Rechtsbeziehungen bestehen.

---

[9] Vgl. vorne § 3 III.

Aus dem Vertrag ist ersichtlich, daß im Versicherungsfall die Zahlung der Rückversicherungssumme nicht direkt an den Hauptversicherten Sacco, sondern an den Rückversicherungsnehmer Grillo erfolgt. Zwischen Benavia und Maruffo einerseits und Sacco anderseits besteht kein Vertragsverhältnis. Nehmen wir an, die Rückversicherer würden insolvent oder verweigerten die Zahlung, so müßte Grillo bei Untergang des Schiffes trotzdem die volle Versicherungssumme bezahlen.

Damit sind beim Vertrag von 1370 alle juristischen Erfordernisse eines Rückversicherungsvertrages gegeben. Als Vertragstyp kommt nur eine Spezialrückversicherung in Frage, weil es sich um die Rückdeckung eines einzelnen Risikos handelt.

Die versicherungstechnischen und kaufmännischen Überlegungen, die zum Abschluß eines Rückversicherungsvertrages führen, sind für den Juristen ohne wesentliche Bedeutung, so lange sie nicht unsittlich oder widerrechtlich sind. Auch spielt es juristisch keine Rolle, ob die Prämie nun mit Hilfe eines Würfels oder auf Grund modernster wissenschaftlicher Tabellen oder erprobter Tarife festgesetzt wird. Nachdem der Vertrag von 1370 alle juristischen Merkmale eines Rückversicherungsvertrages aufweist, ist es, vom rechtlichen Standpunkt aus betrachtet, nicht einzusehen, warum die früheste Rückversicherung nur als „rückversicherungsähnliches Geschäft" bezeichnet werden soll. Es ist daher juristisch gerechtfertigt, wenn *Halpérin* von bereits im Mittelalter bestehender moderner Versicherung spricht, und wenn wir den Genueser Vertrag vom 12. Juli 1370 als echten Rückversicherungsvertrag bezeichnen.

IV. Schlußfolgerungen aus dem Vertrag von 1370

Folgende Rückschlüsse sind aus dem uns bekannten Genueser Vertrag auf die Anfänge des Rückversicherungswesens zu ziehen:

1. Die ersten Rückversicherungsverträge entstanden bereits innerhalb der ersten fünfzig Jahre nach Abschluß des ersten Direktversicherungsvertrages[10].

---

[10] Damit wird die Ansicht jener Autoren widerlegt, welche die früheste Rückversicherung erst den letzten Jahrhunderten zuschreiben. Vgl. z. B. Bluntschli/Brater XI 46 (Für die Entstehung der Rückversicherung wird eine höhere Entwicklung und größere Verbreitung des Versicherungswesens vorausgesetzt, weil sich die Rückversicherung erst da als ein Bedürfnis geltend mache. Diese Ansicht von Bluntschli/Brater entspricht nicht den Tatsachen, wie der Vertrag von 1370 zeigt.); Hémard I 195

2. Die älteste Rückversicherung betrifft die Seeassekuranz.
3. Alle am Vertrag Beteiligten waren Einzelversicherer.
4. Wie das gesamte Versicherungswesen, so beruhte auch die Rückversicherung zuerst auf bloßer Spekulation. Der Versicherer, der ein ihm ungünstig erscheinendes Risiko übernommen hatte, suchte einen wagemutigeren Assekurateur, auf den er das zweifelhafte Risiko abwälzen konnte. Er behielt höchstens einen für ihn weniger riskanten Teil auf eigene Rechnung.
5. Die Rückversicherung diente noch nicht dem Risikoausgleich. Die zahlreichen Vorzüge der Rückversicherung waren noch unbekannt.

Der Genueser Vertrag von 1370 ist bedauerlicherweise das einzige Beispiel einer Rückversicherung, das uns aus der Anfangszeit der Reassekuranz überliefert worden ist. Der Grund dafür liegt mitunter darin, daß die Mitversicherung die Ausbreitung der Reassekuranz zu hemmen vermochte. Bevor wir die Entwicklung der Rückversicherung weiter verfolgen, wollen wir uns daher mit der Mitversicherung näher befassen und die Ursachen untersuchen, die zu dieser bedeutenden Rolle der Mitversicherung führten.

§ 5 Der Primat der Mitversicherung

I. Vorbemerkung

Dem jungen Institut der Versicherung lauerten, wie *Ehrenberg* feststellt[1], verschiedene Gefahren auf. Die eine war, daß sie ganz der Spekulation ausgesetzt war und zu Spielzwecken mißbraucht wurde. Gegen diese Gefahr gab es kein wirtschaftliches Mittel. Es war die Aufgabe des Rechtes, hier einzugreifen[2]. Aber noch zwei *weitere Gefahren* mußten, nach *Ehrenberg*, für die segensreiche Wirksamkeit des Institutes verhängnisvoll erscheinen: „Die eine drohte dem Versicherer, die andere den Versicherten; beide aber standen zugleich in eigentümlicher Wechselwirkung zueinander. Für den *Versicherer* näm-

---

(Hémard glaubt sogar, die Rückversicherung sei erst 1828 aufgekommen!); Riebesell 44; Sturm 71. (Nach Sturm sind die ersten Versicherungsgeschäfte mit rückversicherungsähnlichem Charakter „schon" im 16. Jahrhundert getätigt worden.)

[1] Ehrenberg bei Binding 30.
[2] Vgl. hinten § 7 über die gesetzlichen Bestimmungen.

lich war jeder einzelne Versicherungsvertrag ein hohes Wagnis, selbst bei vorsichtiger Auswahl der Risiken geradezu ein abenteuerliches Geschäft; den unglücklichen Ausgang des einen oder anderen mochte er ertragen, wurden jedoch rasch hintereinander mehrere seiner Risiken von Unfällen betroffen, so war er ein ruinierter Mann. Die Stellung des *Versicherten* aber war nicht nur hierdurch, sondern überhaupt durch die Tatsache, daß ihm lediglich ein einziger Garant gegenüberstand, eine höchst prekäre: gerade das, was er durch den Abschluß des Versicherungsvertrages durch das Opfer der Prämie erreichen wollte, Sicherheit gegen wirtschaftlichen Schaden, war in Frage gestellt, die Gefahr der Insolvenz seines Versicherers machte dessen Ersatzversprechen völlig illusorisch.

So mußte denn früh die Entwicklung dahin drängen, den Versicherer in seiner wirtschaftlichen Lage möglichst unabhängig von dem Ausgang des *einzelnen* Unternehmens zu stellen und zugleich die Garantie für die Versicherten auf möglichst zahlreiche Personen zu verteilen. Die ganze weitere Geschichte des Versicherungsgewerbes ist im wesentlichen nichts, als eine immer größere, immer vollkommenere Annäherung an dieses Ziel, sie läßt sich in die zwei Stichworte zusammenfassen: *Häufung der Risiken, Verteilung der Verantwortlichkeit*[3]."

Zwei Wege führen zu diesem Ziel: die Mitversicherung und die Rückversicherung.

II. Die Vorteile der Mitversicherung

Die Mitversicherung war in der Lage, den für die Versicherung notwendigen Risikoausgleich allein herzustellen, solange das Assekuranzgeschäft noch in den Kinderschuhen steckte, und sie nicht schwerfälliger zu sein schien als das ganze Versicherungswesen überhaupt. Jeder Versicherer übernahm nur einen so großen Teil des Risikos, wie er auf eigene Rechnung zu tragen beabsichtigte. Wollte ein Versicherungsnehmer ein größeres Risiko unterbringen, so mußte er sich an mehrere Assekurateure zugleich wenden. *Schaube*[4] vergleicht dieses Mitversicherungssystem mit Versicherungsgesellschaften, die nicht ständiger Art sind, sondern sich für jeden einzelnen Fall der

---

[3] Ehrenberg bei Binding 30.
[4] Schaube, Übergang 512.

Versicherung besonders und von neuem bilden und sich demgemäß immer wieder in verschiedener Weise zusammensetzen.

Die Mitversicherung wies zudem noch eine Reihe Vorzüge auf, welche die Rückversicherung den damaligen Assekurateuren nicht zu bieten vermochte:

Es war für die Versicherungsnehmer einfacher, nur *eine* Police zu unterschreiben, anstatt viele einzelne Versicherungspolicen — möglicherweise noch mit verschiedenen Bedingungen — abzuschließen. Alle Versicherer, die sich an demselben Risiko beteiligen wollten, hatten deshalb ein und dieselbe Police zu unterzeichnen. Das hatte den Vorteil, daß die Assekurateure auf einen Blick sehen konnten, wer an diesem Risiko sonst noch beteiligt war und wie hoch jeder Mitversicherer gezeichnet hatte. Ein Versicherer, der das Assekuranzgeschäft nur nebenbei[5] betrieb oder der noch nicht genügende Erfahrungen besaß, fühlte sich sicherer, wenn er wußte, daß noch andere, als besonders erfahren geltende Assekurateure an demselben Risiko beteiligt waren.

Jeder Versicherer kann bei der Mitversicherung eine so hohe Summe zeichnen, wie ihm zusagt. Beim System der Rückversicherung muß der Erstversicherer aber immer damit rechnen, ein für ihn zu großes Risiko auf eigene Rechnung zu behalten, sollte er keine Rückdeckung finden. Unter Umständen muß er sich auch noch lange bemühen, den Rückversicherer zum Zahlen zu bewegen, wobei er Gefahr läuft, für die ganze Versicherungssumme allein aufkommen zu müssen, falls der Rückversicherer insolvent würde.

Um einen weiteren Vorteil der Mitversicherung gegenüber der damaligen Rückversicherung hervorzuheben, müssen wir kurz die Ausbreitung des Versicherungswesens weiter verfolgen. Nachdem die Assekuranz in den Hafenstädten des Mittelmeeres aufgekommen war, brachten die Romanen sie nach den Atlantikhäfen des Nordens. Nach kurzer Zeit bildeten sich in den größeren Hafenstädten Versicherungszentren, an denen sich Assekurateure und Makler aus ganz Europa trafen[6]. Eine besondere Bedeutung erlangten dabei die Städte

---

[5] Meth weist u. a. an Hand von Prozeßakten nach, daß neben den hauptberuflichen Assekurateuren eine Reihe von Kaufleuten und Händlern das Assekuranzgeschäft nebenbei betreiben. Vgl. Meth 14; gleiche Meinung Wright/Fayle 56.

[6] In London z. B. die Lombard Street, welche nach den lombardischen Kaufleuten benannt wurde, die sich dort niederließen. Über die Bedeutung der Lombard Street vgl. Wright/Fayle 138 ff.

Antwerpen, Amsterdam und London, welche nach der Entdeckung Amerikas immer mehr ins Rampenlicht des Handelsverkehrs rückten.

Für die Mitversicherung war von entscheidender Bedeutung, daß in diesen Städten Versicherungsbörsen gegründet wurden, die es ermöglichten, größte Risiken innert kürzester Zeit unter zahlreiche Versicherer zu verteilen.

Eine wichtige Rolle spielte die Versicherungsbörse bei der Festsetzung der Prämie. Nur ganz wenige Anhaltspunkte, wie der Zustand des Schiffes, der Ruf von Kapitän und Reeder oder die zu befahrende Route, dienten zur Risikoberechnung. Noch während Jahrhunderten können wir nicht von Prämienberechnung im heutigen Sinne sprechen. Die Prämie entstand nach R. *Ehrenberg* durch eine „empirische Veranschlagung"[7]. *Meth* schreibt[8], daß die Prämie durch die Konzentration kapitalkräftiger Kaufleute, welche die Bildung einer Börsenmeinung ermöglichte, entstand. Solange es keine mathematisch berechneten Prämien gab, mußte man mit diesen „Meinungsprämien" vorlieb nehmen. Die an den Versicherungsbörsen gebildeten Meinungsprämien konnten zwangsläufig nur bei der Mitversicherung vorkommen, denn sie beruhten auf der Einschätzung eines bestimmten Risikos durch *zahlreiche* Kaufleute.

Die weniger erfahrenen Assekurateure und jene Kaufleute, die das Assekuranzgeschäft im Nebenberuf betrieben, waren froh, die Risikobewertung nicht selbst vornehmen zu müssen, sondern die Pämienfestsetzung der Versicherungsbörse überlassen zu können. Beim System der Rückversicherung hingegen ist der Erstversicherer bei der Prämienberechnung ganz auf sich allein angewiesen, denn für eine kollektive Meinungsbildung ist kein Platz vorhanden. Der Direktversicherer hat außerdem noch damit zu rechnen, daß er eine höhere Rückversicherungsprämie bezahlen muß, falls die Rückversicherer das Risiko für größer halten, als er es einschätzte.

In Anbetracht dieser Vorteile, welche die Mitversicherung den Assekurateuren — vor allem den weniger erfahrenen — im Vergleich zur Rückversicherung zu bieten hatte, ist es kein Wunder, daß die Mitversicherung die Rückversicherung in den Schatten zu stellen vermochte.

---

[7] Ehrenberg ZVW 1, 378.
[8] Meth 15.

III. Versicherungspolicen als Belege für das große Ausmaß der Mitversicherung

Unzählige Policen von den Anfängen der Assekuranz bis in die letzten Jahrhunderte geben uns Zeugnis von der ausgeprägten Risikoteilung durch das System der Mitversicherung.

Schon die ersten *italienischen* Versicherungsurkunden wurden von mehreren Versicherern unterzeichnet. So waren z. B. an einer Versicherungsurkunde für eine Fahrt von Pera nach Genua vom Jahre 1393 acht Assekurateure beteiligt[9]. Eine andere Versicherung wurde im gleichen Jahre mit elf Versicherern abgeschlossen[10]. Aus Florenz stammt eine Urkunde aus dem Jahre 1397 mit ebenfalls elf Unterschriften[11], während an einer Versicherung aus dem Jahre 1428 sogar 15 Versicherer beteiligt waren[12].

Im Jahre 1393 wurden von Theramus de Majolo, einem Notar in Genua, innerhalb von 26 Tagen mehr als 80 Versicherungsverträge beurkundet[13]. Davon unterzeichnete ein Assekurateur allein zehn Verträge und ein anderer sogar 16. Von einem Versicherer namens Bartolommeo Delfino von Passana wird berichtet, er sei im Jahre 1393 an 16 Versicherungsverträgen beteiligt gewesen[14].

Verfolgen wir die Assekuranz weiter nach dem Norden Europas, so finden wir ebenfalls Urkunden mit zahlreichen Unterschriften. Die erste in *Flandern* nachweisbare Versicherung stammt bereits aus dem Jahre 1370[15, 16]. In den Brügger Archiven finden wir seit 1444 Hinweise auf Versicherungen[17]. Eine flandrische Urkunde aus dem Jahre

---

[9] Bensa, Contratto Doc. XII; Goldschmidt, Handelsrecht 368/9 Anm. 107; Schaube, Übergang 511.

[10] Bensa, Contratto Doc. XIII; Schaube, Übergang 512.

[11] Bensa, Contratto Doc. XIV; Goldschmidt, Handelsrecht 368/9 Anm. 107; Schaube, Übergang 512.

[12] Bensa, Contratto Doc. XV; Goldschmidt, Handelsrecht 368/9 Anm. 107.

[13] Bensa, Contratto 80; Schaube, Übergang 512.

[14] Bensa, Contratto 79; Schaube, Übergang 512.

[15] Bensa, Contratto Doc. X; vgl. auch Kiesselbach 3.

[16] Reatz nimmt irrtümlich an, die Versicherung sei erst im 15. Jahrhundert in Flandern aufgekommen. Vgl. Reatz 39.

[17] Vgl. L. Gilliodds van Severen, Coutume de la ville de Bruges II, Brüssel 1875, 104—109, zitiert bei Goldschmidt, Handelsrecht 358/9 Anm. 75; vgl. auch Halpérin 41.

1531 weist 44 Versicherer auf, von denen 26 aus Antwerpen und 18 aus Brügge stammen. Über die Hälfte der Assekurateure sind italienischer Herkunft, die übrigen spanischer oder unbekannter Nationalität. Außerdem hat ein Deutscher die Police unterzeichnet; vielleicht war er der erste deutsche Assekurateur überhaupt. Es handelt sich dabei um eine Filiale des nürnbergischen Zweighauses Johann und Jacob Welser. Der Versicherungsnehmer dieser Police war Gottschalk Remlinckroth. Als sein Schiff, der „Dänische Schwan", verlorenging, weigerten sich die Versicherer aus irgendeinem Grunde, die Versicherungssumme zu bezahlen. Remlinckroth versuchte vergeblich, zu seinem Recht zu kommen und prozessierte sechs Jahre lang erfolglos. Er bat den Kaiser, Könige, Fürsten und geistliche Würdenträger um Hilfe. Als alles nichts nützte, versuchte er, die Versicherer durch Schmähschriften an den Pranger zu stellen und kreditlos zu machen[18]. Schließlich rächte er sich an der Kaufmannswelt, indem er Seeräuber wurde[19].

In Antwerpen übernahmen 1542 50 Versicherer das Risiko für zwei Schiffe[20]. Um 1564 lebten in Antwerpen über 600 Menschen von Versicherungsgeschäften, und zwar, wie *Mahr* berichtet[21], sehr gut.

Über den Zeitpunkt der ersten Versicherung in *England* sind sich die Autoren nicht einig. *Helmensdorfer*[22] spricht von einer ersten englischen Police aus dem Jahre 1508, *Hagen*[23] *und Kiesselbach*[24] schreiben die älteste Versicherung Englands dem Jahre 1512 zu, und *Halpérin*[25] berichtet, die erste englische Versicherung sei im Jahre 1547 abgeschlossen worden. *Wright/Fayle*[26] nehmen an, daß die erste nicht mehr von Italienern, sondern von Engländern unterzeichnete

---

[18] Der Text dieser Schmähschriften ist der Nachwelt bekannt. Vgl. die Wiedergabe bei Bippen. Über die Bedeutung der Schmähschriften im 15. und 16. Jahrhundert vgl. O. Hupp, Scheltbriefe und Schandbilder, München 1930.

[19] Über die Urkunde von 1531 und das Schicksal des Remlinckroth vgl. Bippen; Kiesselbach 9/10; Kracht 9; Meth 14; Plass 42 ff.; Thorsen 2 ff.

[20] Mahr 53.

[21] Mahr 53.

[22] Helmensdorfer 277.

[23] Hagen, Seeversicherung 8.

[24] Kiesselbach 5.

[25] Halpérin 49.

[26] Wright/Fayle 137.

Versicherung aus dem Jahre 1547 stamme. *Dernburg/Kohler*[27] geben den Text einer 1448 in England ausgestellten Police wieder, welche in italienischer Sprache abgefaßt und mit einer englischen Übersetzung versehen wurde.

Wright/Fayle[28] kommentieren zahlreiche englische Policen aus dem 16. Jahrhundert. Wenn auch die Zahl der beteiligten Versicherer nicht angegeben wird, so muß es sich damals doch um Mitversicherungen gehandelt haben, da die Assekurateure stets in der Mehrzahl genannt werden.

In *Deutschland* faßte die Assekuranz erst in der zweiten Hälfte des 16. Jahrhunderts richtig Fuß, als zahlreiche niederländische Kaufleute vor den Spaniern nach Hamburg flüchteten. Die niederländischen Emigranten übten auf den Handel der Hansestadt einen großen Einfluß aus; nicht nur die Versicherung, sondern auch die Wechsel- und Bankgeschäfte begannen nun in Hamburg zu florieren[29].

Schon das älteste Hamburger Policenformular, das in holländischer Sprache abgefaßt und der niederländischen Musterpolice[30] angepaßt war, zeigte einmal mehr eine primäre Risikoaufteilung unter zahlreiche Mitversicherer[31]. Eine Hamburger Police aus dem Jahre 1588 wurde von 26 Versicherern, von denen man weiß, daß mindestens 13 das Versicherungsgewerbe nur nebenbei betrieben, unterzeichnet[32]. Auch diese Police war genau nach der Antwerpener Musterpolice ausgefertigt, ein Beweis mehr, wie groß der niederländische Einfluß auf die früheste deutsche Seeversicherung war.

Alle diese Beispiele zeigen, wie die ältesten Seeversicherungsrisiken primär unter zahlreiche Mitversicherer verteilt wurden. Die Rückversicherung konnte diese Vormachtstellung der Mitversicherung nicht brechen, solange das System der Mitversicherung, *ohne auf den Abschluß der Assekuranzgeschäfte schwerfällig und lähmend zu wirken*, in der Lage war, durch die Verteilung der Risiken die Verantwortlichkeit aufzuteilen und die Kapazität der einzelnen Versicherer zu vergrößern.

---
[27] Dernburg/Kohler VI 353 Anm. 14.
[28] Wright/Fayle 137 ff.
[29] Kiesselbach 13 ff.
[30] Diese Musterpolice wurde von der Ordonnanz Philipps II. aus dem Jahre 1563 vorgeschrieben. Vgl. hinten § 7 II.
[31] Vgl. den Text dieses Policenformulars bei Plass 30 ff.
[32] Kiesselbach 15; Meth 14.

Trotz des Primates der Mitversicherung hatte die Rückversicherung ihre eigene Existenzberechtigung und spielte — wenn auch durch die Mitversicherung in den Schatten gedrängt — keine unwesentliche Rolle.

§ 6 Die sekundäre Rolle der Rückversicherung

I. Der Mißbrauch des Wortes „Rückversicherung"

Es ist anzunehmen, daß die verschiedensprachigen Bezeichnungen für die Rückversicherungsgeschäfte schon mit dem Aufkommen der Rückversicherung in den einzelnen Ländern entstanden. Eine Ausnahme bildet die deutsche Bezeichnung „Rückversicherung". Zuerst kannte man im deutschen Sprachgebiet nur die Bezeichnungen „Reassekuranz" und „Rückassekuranz". *Sack* stellt an Hand verschiedener Quellenstudien fest, daß das Wort „Rückversicherung" kaum vor der Mitte des 18. Jahrhunderts Verwendung gefunden hat[1].

Eine Schwierigkeit beim Quellenstudium der Geschichte der Rückversicherung liegt darin, daß die Ausdrücke „Rückversicherungen", „Reassekuranzen", „Rück-Assekuranzen", „Réassurances", „Reinsurances" usw. oft für Rechtsgeschäfte verwendet wurden, die mit der echten Rückversicherung nichts gemeinsam haben. So finden sich auch in der modernen Literatur immer wieder Hinweise auf „Rückversicherungen" früherer Jahrhunderte, welche näher betrachtet gar keine solche sind, sondern seinerzeit zu Unrecht so genannt wurden[2]. Folgende Versicherungsgeschäfte wurden früher oft fälschlicherweise als „Rückversicherungen" bezeichnet:

1. Wenn ein Versicherer Konkurs erlitt, seine Geschäfte liquidieren wollte oder starb, wurden seine Risiken in der Regel von andern Assekurateuren übernommen. Nur in Fällen, in denen der Versicherte diesem *Wechsel des Versicherten* nicht zustimmte oder überhaupt nichts davon wußte, können wir von einer Rückversicherung sprechen. Der erste Versicherer haftete dann weiterhin für das Risiko, gleichgültig ob der zweite Versicherer seinerseits die Versicherungssumme bezahlte. Billigte der Versicherte diesen Wechsel des Versicherers aus-

---
[1] Sack 68.
[2] So z. B. Allaz 48; Benecke I 285; Golding, History 26/27; Pöhls I 99; Thorin/Schloemer 37; Trennery 274.

drücklich oder stillschweigend, so trat der neue Versicherer als Nachfolger des ersten Assekurateurs in das Vertragsverhältnis ein, so daß keine Rückversicherung mehr vorliegt. Wenn z. B. im Jahre 1595 ein gewisser Roemer Visscher aus Amsterdam von dem Assekurateur Jacob Bruynsen Smallinck ein Risiko übernahm, so handelte es sich um keine Rückversicherung, sofern der davon orientierte Versicherte nichts dagegen einwandte[3].

2. Starb ein Assekurateur, geriet er in Konkurs oder erschien seine Solvenz zweifelhaft, so ging der Versicherte häufig eine neue Versicherung ein. Diese zweite Versicherung nannte man zu Unrecht „Rückversicherung"[4]. Zutreffender sind die Ausdrücke „*Wiederversicherung*" oder „*Afterversicherung*"[5]. Zwischen dem ersten und dem zweiten Versicherer bestand kein Vertragsverhältnis. Der zweite Versicherer brauchte nicht einmal zu wissen, daß für dasselbe Risiko schon einmal eine Versicherung abgeschlossen worden war[6].

3. Wenn der Versicherte dem Assekurateur nicht ganz traute oder dessen Zahlungsfähigkeit bezweifelte, kam es vor, daß sich der Versicherer *Bürgen* verschaffte. Diese Bürgen nannte man hie und da Rückversicherer. Es lag aber keine Rückversicherung vor, denn der Versicherte konnte sich direkt an die Bürgen wenden, wenn der Assekurateur seine Leistung nicht erbrachte. Bei der Rückversicherung besteht aber keine Beziehung zwischen dem Versicherten und dem Rückversicherer. Es ist daher nicht zutreffend, wenn *Trennery* schreibt:

„Reinsurances were known at this date (A. D. 1450) and were frequently made, but were usually drawn up in a form by which the reinsurers became guarantors or pledges for the due payment of

---

[3] Golding spricht hier von „Reinsurance not in the true meaning of the word". Vgl. Golding, History 26; weitere Beispiele dieser Art bei Golding, History 26.

[4] So führt z. B. die Hamburger Assekuranz- und Havarieordnung von 1731 diese Afterversicherung unter dem Titel „Reassecuranz" auf (XVIII. Titel, Art. 2). Auch die Königlich Schwedische Assekuranz- und Havarieordnung von 1750 nennt die Afterversicherung unter dem Titel „Von der Rück-Versicherung oder Reassekuranz" (Art. 10). Benecke spricht von „uneigentlicher Art der Reassekuranz". Vgl. Benecke I 285.

[5] Den Ausdruck „Afterversicherung" gebraucht z. B. das Königlich Preußische Seerecht von 1727 (Kap. VI, Art. 17).

[6] Es war den Versicherten aber nach allen Gesetzgebungen verboten, die Versicherungssummen doppelt einzukassieren. Vgl. Emérigon I 23/24.

the insurance money by the merchants who were insuring the goods in the first place[7]."

Thorin[8] und *Allaz*[9] zitieren diese Aussage Trennerys als Beleg für das Ausmaß der Rückversicherung im 15. Jahrhundert, ohne den Fehlschluß aufzudecken.

4. Auch die *Versicherung der Solvenz* des Versicherers wurde früher oft als „Rückversicherung"[10], „andere Art der Reassekuranz"[11] oder als „uneigentliche Rückversicherung"[12] bezeichnet. Der Versicherte läßt sich auf eigene Kosten für den Fall der Insolvenz des ersten Versicherers versichern. Der zweite Versicherer haftet subsidiär für den ersten und steht in direktem Vertragsverhältnis zum Versicherten. Bei der Rückversicherung ist es genau umgekehrt: Der Erstversicherer haftet subsidiär für den Rückversicherer, und zwischen diesem und dem Versicherten besteht keine Verbindung.

Ein Beispiel für den Gebrauch des Wortes „réassurer" für eine Versicherung der Solvenz ist dem „Guidon de la Mer" entnommen. Der Art. 20 des 2. Kapitels lautet:

„Si l'asseuré doute aucune des debtes de ses asseurers n'estre suffisante, il se peut bien faire reassurer, en cas que celui-là ne fust point suffisant de payer, la perte advenant, à la première contrainte ou refus diceluy, ou par sentence de juge[13]."

Auch die Ordonnanz von Bilbao aus dem Jahre 1737 gebraucht das Wort „reassecuriren" zu Unrecht, wenn sie in Kap. XX, Art. 43 bestimmt (nach der Übersetzung von *Engelbrecht*):

„... und die Versicherten mögen sich ebenfalls von andern ... wegen dessen was sie von den ersten Assecuradeurs haben sollten reassecuriren lassen; ...[14]"

Es handelt sich hier ebenfalls um eine Versicherung der Solvenz.

---

[7] Trennery 274.
[8] Thorin/Schloemer 37.
[9] Allaz 48.
[10] Vgl. Ehrenberg, AssJahrb 11 III 34.
[11] So Pöhls I 99; Park 422 (Park spricht von „another species of re-insurance").
[12] So Benecke I 285; van der Haegen 29.
[13] Pardessus, Collection II 385 ff.; vgl. hinten § 7 III.
[14] Weskett/Engelbrecht II 83; vgl. hinten § 7 V.

5. In Marseille soll es dem Versicherungsnehmer gestattet gewesen sein, im Namen und *für Rechnung des zahlungsunfähigen Erstversicherers eine neue Versicherung* abzuschließen[15]. Der erste Versicherer blieb jedoch für den Fall der Insolvenz des zweiten Versicherers haftbar. Es handelt sich hier um keine Rückversicherung[16]. Der Versicherte muß sich selbst um die zweite Versicherung bemühen; er steht in direktem Kontakt mit dem zweiten Versicherer. *Jahn* ist gegenteiliger Ansicht[17]. Er meint, es liege eine Rückversicherung vor, solange die zweite Versicherung für den insolventen ersten Assekurateur abgeschlossen worden sei und der erste Versicherer von seiner Zahlungspflicht dem Versicherten gegenüber nicht befreit werde. Jahn schenkt dabei der Tatsache, daß bei einer Rückversicherung keinerlei Beziehungen zwischen dem Versicherten und dem Rückversicherer bestehen dürfen, zu wenig Beachtung. Auch *Benecke*[18] und *Weskett/ Engelbrecht*[19] nennen hier die zweite Versicherung zu Unrecht „Reassekuranz".

6. Die *Versicherung zu Gunsten Dritter* wurde ebenfalls schon mit der Rückversicherung verwechselt[20].

7. Auch die *Versicherung der Prämie* wurde früher manchmal als „Rückversicherung" bezeichnet[21]. So normiert z. B. die Ordonnanz von Bilbao (1738) in Kap. XX, Art. 43:

„... und die Versicherten mögen sich ebenfalls von andern ... wegen der bezahlten Prämie ... reassecuriren lassen, ..."[22]

Diese Beispiele geben dazu Anlaß, Hinweisen auf Rückversicherungsgeschäfte früherer Autoren und älterer Gesetze nur mit größter Skepsis zu begegnen, weil die Fälle sehr häufig sind, bei denen die abgeschlossenen Versicherungsverträge mit der Rückversicherung nicht das geringste zu tun haben.

---

[15] Vgl. Sack 65/66; Weskett/Engelbrecht III 2. Abt. 193.
[16] Gleiche Ansicht Sack 65.
[17] Jahn 565/66.
[18] Benecke I 288.
[19] Weskett/Engelbrecht III 2. Abt. 193.
[20] So z. B. Benecke I 284. Der Irrtum Beneckes wurde von Jahn (565) ohne Einwand übernommen. Vgl. darüber Sack 81 ff.
[21] Vgl. Magens, Hamburger Ausgabe 43/44; Sack 67, 81.
[22] Weskett/Engelbrecht II 83; vgl. hinten § 7 V.

II. Die Beweggründe zum Abschluß von Rückversicherungsverträgen

Der uns bekannte Genueser Vertrag vom 12. Juli 1370 wurde zeitlich parallel mit der Erstversicherung abgeschlossen. Das muß aber zur damaligen Zeit eine Ausnahme gewesen sein. Häufiger waren Fälle, bei denen der Erstversicherer das Risiko zuerst allein trug und zu einem späteren Zeitpunkt, wenn es ihm aus irgendeinem Grunde plötzlich als zu gefährlich erschien, Rückdeckung suchte. So wälzte der Assekurateur das von ihm übernommene Risiko ganz oder zum Teil auf einen waghalsigeren Spekulanten ab, wenn er lange Zeit ohne Nachricht vom versicherten Schiff geblieben war, wenn er von Stürmen oder Unwettern auf dessen Route gehört oder von Seeräubern, die in der betreffenden Gegend ihr Unwesen trieben, erfahren hatte. Ein anderer Grund zur Weitergabe des Risikos entstand, wenn der Assekurateur nach Abschluß der Versicherung etwas Ungünstiges über den Reeder oder den Kapitän des versicherten Schiffes vernahm[23]. Auch wenn das Schiff starke Verspätung hatte, kam es oft vor, daß der Versicherer das Risiko nicht länger tragen wollte. Das bewog ihn, für eine oft beträchtliche Prämie eine Rückversicherung abzuschließen[24].

Mori schreibt dazu treffend:

> „... la réassurance doit, sans aucun doute, tirer son origine d'une espèce de crise de conscience qui aurait ébranlé la confiance de l'assureur *après* l'acceptation du risque[25]."

Auch der „Guidon de la Mer" spricht in Kap. 2, Art. 19 bezeichnenderweise von nachträglicher Reue als Motiv zum Abschluß von Rückversicherungen:

> „S'il advient que les asseureurs ou aucuns d'eux, après avoir signé en quelque police, se repentent ou ayent peur, ...[26]"

Die Überlegungen der Rückversicherungsnehmer sind mit denjeni-

---

[23] Über diese Motive zum Abschluß von Rückversicherungen vgl. u. a. Benecke I 283; Boiteux 52; Mori 8; Picard 2; Sack 58 ff.

[24] So schreibt z. B. Courcy noch 1888: „Aucune loi, écrite ni morale, ne m'interdit de faire réassurer, moyennant une prime de 50 % ou davantage, les risques que j'ai garantis sur un navire qui est en retard." Vgl. Courcy IV 281.

[25] Mori 8.

[26] Vgl. hinten § 7 III.

gen eines Börsenspekulanten zu vergleichen, der plötzlich schlechte Nachrichten über eine Firma, von der er Wertschriften besitzt, erhält, und der nun vor der Entscheidung steht, ob er seine Papiere nicht lieber verkaufen soll, um größere Verluste zu vermeiden. Der Unterschied zwischen einem Börsenspekulanten und einem Assekurateur aus der Frühzeit der Rückversicherung besteht vor allem darin, daß der Spekulant, hat er erst einmal die Wertpapiere verkauft, der Baisse ohne Bangen entgegensehen kann. Der Versicherer hingegen bleibt auch nach Abschluß einer Rückversicherung dem Versicherten gegenüber gebunden. Er muß die Versicherungssumme bezahlen, gleichgültig ob er vom Rückversicherer die Rückversicherungssumme erhält oder nicht.

Ein anderes Motiv zum Abschluß von Rückversicherungsverträgen lag dann vor, wenn ein Versicherer wegen seines hohen Alters oder weil er sich anderen Geschäften widmen wollte, sein Versicherungs-Portefeuille zu liquidieren beabsichtigte. Es konnten Jahre vergehen, bis alle Versicherungen abgewickelt waren. Die Reisen der Schiffe dauerten oft sehr lange, und bis die Nachricht der glücklichen Ankunft eintraf, konnte die doppelte Zeit verstreichen. Es blieb daher dem Versicherer nichts anderes übrig, als seine Risiken auf einen anderen Assekurateur abzuwälzen. Wie wir bereits festgestellt haben[27], kann man aber nur dann von Rückversicherungen sprechen, wenn der Versicherte diesem Wechsel der Versicherer nicht ausdrücklich oder stillschweigend zustimmte. War dies der Fall, so wurde der erste Versicherer von der Haftung befreit.

Ähnlich war die Situation, wenn ein Versicherer starb. Je nachdem ob der Versicherte der Weitergabe des Risikos durch die Erben zustimmte oder nicht, wurde die Erbmasse von der subsidiären Haftung befreit.

Ein weiterer Beweggrund für den Abschluß von Rückversicherungen war der Konkurs des Erstversicherers. Um die Konkursmasse vom Risiko der Versicherung zu befreien, wurde eine Rückversicherung abgeschlossen. Da die Rückversicherungsprämie aber aus der Konkursmasse bezahlt wurde, fiel die Rückversicherungssumme bei Eintritt des befürchteten Ereignisses in diese. Der Versicherte hatte nur einen Anspruch auf die Konkursdividende[28]. Deshalb schlossen die Versicherten meistens so rasch als möglich eine neue Versicherung ab, wenn sie hörten, daß der Versicherer insolvent wurde. Ihr Anspruch

---

[27] Vgl. vorne § 6 I 1.
[28] Vgl. die Judikatur hinten § 8 II 2.

gegenüber dem ersten Versicherer beschränkte sich aber dann auf die der bezahlten Versicherungsprämie entsprechende Konkursdividende[29].

Waren die meisten Grundlagen, die zum Abschluß von Rückversicherungsverträgen führten, mehr oder weniger spekulativer Natur, so erreichte bei den sogenannten Prämiendifferenzgeschäften die Spekulation ihren Höhepunkt. Hier schlossen die Assekurateure einzig und allein Versicherungen ab, um sie nachher zu niedrigeren Prämien rückzuversichern. Sie steckten die Prämiendifferenzen ein, ohne dafür — abgesehen von der möglichen Insolvenz der Rückversicherer — ein Risiko eingehen zu müssen. Diese Prämiendifferenzgeschäfte erreichten ein solches Ausmaß, daß im Jahre 1746 in England sämtliche Rückversicherungsgeschäfte verboten wurden[30].

Die Beispiele zeigen, daß die Rückversicherung in den ersten Jahrhunderten ihrer Entwicklung immer nur von Fall zu Fall in Anspruch genommen wurde. Laufende Rückversicherungsverträge waren noch unbekannt.

Die genannten, zum Abschluß der ersten Rückversicherungen führenden Motive waren solange für das Rückversicherungswesen ausschlaggebend, wie es Einzelversicherer gab und das Versicherungswesen noch jeglicher wissenschaftlichen Grundlage entbehrte. Es ist deshalb nicht erstaunlich, daß erst aus der zweiten Hälfte des 17. Jahrhunderts Fälle bekannt sind, bei denen die wahre Aufgabe der Rückversicherung erkannt wurde und Assekurateure regelmäßig einen Teil der von ihnen eingegangenen Risiken rückversicherten, um dadurch ihre Zeichnungskapazität zu erhöhen und den sogenannten technischen Risikoausgleich herzustellen[31].

§ 7 Gesetzliche Bestimmungen über die Rückversicherung

I. Allgemeines über das älteste Seeversicherungsrecht

Bevor wir in den verschiedenen Gesetzgebungen nach Normen über die Rückversicherung suchen, müssen wir uns Klarheit darüber verschaffen, um was für ein Recht es sich bei der ältesten Seeversicherung

---

[29] Vgl. hinten § 9 I.
[30] Vgl. hinten § 9.
[31] Vgl. hinten § 8 III, den Prozeß des Pierre de la Roche aus dem Jahre 1674, sowie § 8 II 6.

überhaupt handelt. Vor allem ist zu prüfen, ob ein europäisches, mehr oder weniger für den ganzen Kontinent geltendes Seeversicherungsrecht vorhanden war. Möglich ist es auch, daß jede Hafenstadt ihre eigene, für die in ihrem Hafen beheimateten Schiffe geltende Gesetzgebung besaß.

Reatz[1] stellt bedauernd fest, daß die Frage nach der Existenz eines europäischen Seeversicherungsrechts sehr selten aufgeworfen worden sei. Die meisten Juristen, die sich mit dieser Frage befaßt haben, schildern das Recht ihrer Heimat, ohne demjenigen anderer Länder Beachtung zu schenken. Die einen führen das Versicherungsrecht auf das ius gentium[2] zurück, während andere von einem Weltgewohnheitsrecht[3] sprechen, das für die gesamte zivilisierte handeltreibende Welt gelte.

Reatz[4] geht bei der Untersuchung eines europäischen Seeversicherungsrechtes von der Gemeinschaft aus, welche die Völker Europas im 14. und 15. Jahrhundert auf dem Gebiete des Seehandels verband. Die aus dem Handel erwachsenden wirtschaftlichen Beziehungen der noch so verschiedensprachigen europäischen Völker bilden *das* Volk Europas. Unterschiede in den Rechtsanschauungen des Handels hätten seinen Verkehr völlig gelähmt. Daß sich in den wichtigen Hafenstädten möglichst gleiche Rechtsgrundsätze bildeten, war deshalb für die Kaufleute von größter Wichtigkeit. Die Nationen mit dem blühendsten Handelsverkehr übten den stärksten Einfluß auf die Bildung dieser Rechtsgrundsätze aus. Nach jedem Fortschritt in der Erkenntnis der rechtlichen Natur der einzelnen Institute oder Geschäfte bürgerten sich die neu gewonnenen Regeln rasch an allen wichtigen Handelsplätzen ein[5]. Die Kaufleute reisten damals noch selbst mit ihren Waren, kamen an viele Handelsplätze und lernten so die Gewohnheiten anderer Völker kennen. Sie suchten dann, ihr einheimisches Recht durch die gesammelten Erfahrungen zu bereichern, und trugen somit viel zur Internationalisierung des Gewohnheitsrechtes bei. Es ist daher kein Wunder, daß bei der Ausarbeitung der einzelnen Gesetzgebungen immer die erfahrensten und weitestgereisten Kaufleute zu Rate gezogen wurden. Die Gesetzgebung auf dem Ge-

---

[1] Reatz 6.
[2] Emérigon I 21/22.
[3] So Malss, Zeitschrift für Versicherungsrecht 1 (1866) 1 ff.
[4] Reatz 8 ff.
[5] Vgl. Reatz 9.

biete des Handelsrechtes lag viel mehr in den Händen der Kaufleute als der Juristen[6].

Malss[7] spricht von der Solidarität der zivilisierten Welt im Handelsrecht seit Jahrhunderten:

"Jedes Land, jede Stadt, indem sie Handelsgesetze erließen, arbeiteten für die gesamte übrige Welt; zimmerten an dem gemeinschaftlichen Gebäude aller Nationen, dem allgemeinen Welthandelsrechte."

Das Seeversicherungsrecht entstand im Schoße des internationalen Seehandelsrechtes. *Malss*[8] schreibt dazu:

"Welchem Lande oder Gemeinwesen auch die Priorität der Erfindung zuzuschreiben sei, das Assekuranzrecht ist ein Geschöpf der ganzen civilisirten handeltreibenden Welt."

Die Gesetzgeber hatten, wie *Malss*[9] feststellt, nicht die relativ kleine Zahl ihrer Versicherungen abschließenden Angehörigen im Auge, sondern den gesamten überseeischen Verkehr.

Die Police[10] förderte die Internationalisierung des Seeversicherungsrechtes bedeutend. Sie war nicht bloß eine alle Daten des Versicherungsvertrages fixierende Urkunde, sondern, wie *Reatz*[11] bemerkt, Trägerin des Seeversicherungsrechtes und ein Gesetzbuch, das leicht an alle Orte zu bringen war und als wohldurchdachtes Recht verständiger Kaufleute galt.

Pöhls[12] schreibt, es hätten sich vor dem Erlaß von Versicherungsgesetzen natürliche Ansichten und Rechtssätze gebildet, die man als "allgemeineres Gewohnheitsrecht" bezeichnen könne. Doch war es auch nach der Entstehung der Gesetze oft notwendig, auf das Gewohnheitsrecht zurückzugreifen, wenn die Gesetzgebung Lücken auf-

---

[6] Reatz 9.
[7] Malss, ZHR 6, 363.
[8] Malss, ZHR 6, 362.
[9] Malss, ZHR 6, 362.
[10] Die Police hatte früh die schwerfällige Notariatsurkunde abgelöst. Der Ausdruck "polizza" wurde schon 1401 in Genua gebraucht. Vgl. Hellauer 22; Liebig, Seeversicherung 20. Nach Plass (26) kamen in den Urteilen des Schöffenstuhles von Brügge von 1444—1459 die Ausdrücke "Assekuranz-Schuldschein", im Jahre 1469 "Assecuranzbrief" oder auch "Assecuranz" und von 1468—1470 die Bezeichnungen "Assecuranz-Police" oder kurz "Police" vor.
[11] Reatz 10.
[12] Pöhls I 11.

wies. Das Römische Recht nahm man bei allgemeinen Rechtsfragen, wie z. B. bei Irrtum und Täuschung, zu Hilfe[13].

Reatz schreibt zusammenfassend über das Recht der Seeversicherung: „Was hier zur Erkenntnis und zum Ausdruck gelangte, war und ist gemeines Seeversicherungsrecht. Und wenn auch zahlreiche und erhebliche Verschiedenheiten zwischen den Rechten der einzelnen Völker bestanden, so wurde doch der Begriff des gemeinen Seeversicherungsrechts hierdurch eben so wenig aufgehoben, wie die Begriffe des gemeinen Römischen und Deutschen Civilrechts durch die Verschiedenheit der Ansichten und Aussprüche der Römischen Juristen und heutigen Rechtsschriftsteller oder der als Quellen des deutschen Rechts betrachteten Rechtsbücher[14]."

Wir kommen zum Ergebnis, daß das früheste Assekuranzwesen auf einem internationalen Versicherungsrecht beruhte, welches in erster Linie Gewohnheitsrecht war. Die Gesetzgebungen folgten den Bräuchen des internationalen Assekuranzverkehrs. Außerdem bemühten sie sich, Mißbräuche durch Ordnungsvorschriften zu bekämpfen. Partikulares Recht, das im Widerspruch zum internationalen Gewohnheitsrecht stand, konnte sich auf die Dauer nicht durchsetzen.

II. Die Versicherungsgesetzgebung bis zum Ende des 16. Jahrhunderts

Das älteste, die Erwerbsversicherung betreffende Gesetz wurde am 8. Mai 1366 in *Genua* erlassen[15]. Es untersagt den Versicherungsvertrag wegen Wuchers. Dieses Verbot vermochte sich jedoch nicht durchzusetzen. Bereits im Oktober 1369 wurde es vom Dogen zu Genua, Gabriel Adorno, aufgehoben und durch ein Dekret, welches die Versicherung ausdrücklich erlaubt und als nützlich bezeichnet, ersetzt. Bei Geldbuße verbietet es, sich einer Verpflichtung aus einem Versicherungsvertrag mit Hilfe der exceptio usuria zu entziehen[16].

Ein genuesisches Statut aus dem Jahre 1404 ging leider verloren. Der Index konnte jedoch gerettet werden; den Titeln ist zu entnehmen, daß der betreffende Erlaß die Seeversicherung regelte[17].

---
[13] Pöhls I 11.
[14] Reatz 11.
[15] Goldschmidt, Seeversicherung 217; Vallebona 29.
[16] Cruziger, Transport 7; Goldschmidt, Seeversicherung 217; Schaube, Übergang 494 ff.
[17] Vgl. den Text der Titel bei Vallebona 29.

Überall in *Italien* schossen in den folgenden Jahren die Verordnungen über das Versicherungswesen wie Pilze aus dem Boden. In den großen Hafenstädten wurde die Versicherung ausdrücklich gestattet und ihr Mißbrauch durch Normen zu unterbinden versucht[18].

Wenige Jahre nach Erlassung der ersten italienischen Statuten entstanden auch in *Spanien* zahlreiche das Versicherungswesen regelnde Verordnungen[19]. Am bedeutendsten sind die fünf Ordonnanzen von Barcelona, die in den Jahren 1435 bis 1461 erlassen wurden. Nach einer Neubearbeitung erschienen sie 1484 in ein Gesetz zusammengefaßt[20]. Es wird angenommen, die Ordonnanzen von Barcelona seien bereits vor ihrer Statuierung von Portugal nach Spanien gelangtes Gewohnheitsrecht gewesen.

Diese italienischen und spanischen Erlasse über die Versicherung widerlegen die Behauptung, die früheste Gesetzgebung über das Assekuranzwesen stamme erst aus dem 16. Jahrhundert[21].

Mit keinem Wort wird in all diesen Statuten die Rückversicherung erwähnt[22]. Da es zu jener Zeit aber schon Rückversicherungen gab, galten die Bestimmungen, wenn nicht ausdrücklich, so doch stillschweigend, auch für diese. Folgende Punkte wurden in den verschiedenen Verordnungen am häufigsten geregelt:

---

[18] So in Albenga: 1484, 1518; Ancona: 1567; Florenz: 1393, 1463, 1512, 1523, 1526, 1528; Genua: 1366, 1369, 1404, 1467, 1479, 1494, 1557, 1588; Savona: 1466; Venedig: 1411, 1424, 1468, 1586. Die Jahreszahlen differieren in der Literatur oft um ein bis zwei Jahre. Texte zahlreicher Statuten bei Pardessus, Collection. Vgl. auch Bluntschli/Brater 36/37; Dernburg/Kohler VI 350 ff., 354/55; Goldschmidt, Seeversicherung 214 ff.; ders., Handelsrecht 378 ff., 744 ff.; Gow 5; Magens, Hamburger Ausgabe 367 ff.; Pardessus, Collection II 375/76; Pöhls I 12/13; Reatz 169 ff.; Stefani 80/81; Weskett/Engelbrecht III. Abt. 158 ff.

[19] So in Barcelona: 1435, 1436, 1443, 1458, 1461; Bilbao: 1560; Burgos: 1637/38; Sevilla: 1543, 1552, 1556. Texte verschiedener Erlasse bei Pardessus, Collection. Vgl. auch Bluntschli/Brater 36/37; Dernburg/Kohler VI 350 ff.; Pöhls I 11/12. Er ist unzutreffend, wenn Masius (2) schreibt, die erste spanische Assekuranzordnung sei erst 1458 entstanden.

[20] Spanischer Originaltext mit französischer Übersetzung bei Pardessus, Collection V 493; ff.; Kommentar dazu bei Reatz 56 ff.

[21] So z. B. Helmensdorfer 277.

[22] Quintana [The Review 85 (1954) 1214, übernommen von Hangartner 38] behauptet, die Rückversicherung käme schon in der Ordonnanz

Gesetzliche Bestimmungen über die Rückversicherung

1. Untersagung der Wuchereinrede.
2. Einschränkung oder gar Untersagung der Versicherung auf fremde Schiffe.
3. Verbot der Kasko- oder Warenversicherung zum vollen Wert, d. h. Bedingung, daß der Versicherte einen Selbstbehalt trägt. Der Prozentsatz der nicht versicherbaren Quote ist von Statut zu Statut verschieden.
4. Nichtigkeit der Versicherung, sofern zur Zeit des Versicherungsabschlusses der Eintritt oder der Ausschluß des Risikos erweislich oder präsumptiv bekannt ist.
5. Notarielle Feststellung des Schiffszustandes bei Vertragsabschluß.
6. Richtige Deklaration der Schiffsladung.
7. Vorschriftsgemäße Einschätzung des versicherten Objektes durch Experten.
8. Verbot der Doppel- oder Überversicherung.
9. Verbot der Lebensversicherung.
10. Verbot der Versicherung des erhofften Gewinns[23].
11. Sanktionen gegen Handlungen wider die Statuten[24].

Diese Aufzählung ist nur exemplarisch. Die einzelnen Statuten befaßten sich nie mit allen genannten Fragen. Hingegen gab es noch zahlreiche andere Bestimmungen, die lediglich den lokalen oder nationalen Handelsinteressen dienten und partikulärer Natur waren. Im Interesse einer prinzipiellen Rechtsgleichheit im Seeversicherungsrecht waren diese Regelungen nicht von langer Dauer. Der Unterschied in der Stellung der einheimischen und der fremden Kaufleute wurde immer mehr verwischt[25].

---

von Sevilla aus dem Jahre 1556 vor. In der Textausgabe dieser Verordnung bei Pardessus (Collection VI 76 ff.) wird die Rückversicherung nicht erwähnt. Die Versicherung der Prämie wurde schon manchmal als Rückversicherung bezeichnet (z. B. in der Ordonnanz von Bilbao 1738 Kap. XX, Art. 43, vgl. vorne § 6 I 7). Es ist möglich, daß Quintana irrtümlich ebenfalls angenommen hat, die Versicherung der Prämie sei eine Rückversicherung. In Kap. XLVII der Ordonnanz von Sevilla heißt es nämlich: „Le prix de l'assurance ne pourra être assuré dans les polices de retour des Indes sur or, argent perles et marchandises."

[23] Nur das negative Vertragsinteresse ist versicherbar.
[24] Vgl. über die Regelung dieser Punkte Goldschmidt, Handelsrecht 378/79, sowie die Texte der einzelnen Statuten bei Pardessus, Collection.
[25] Reatz 13.

Zusammenfassend ist über die ältesten aus dem Mittelmeergebiet stammenden Normen des Versicherungswesens zu sagen, daß sie nur wenig in den Entwicklungsprozeß der Versicherung eingriffen. Sie versuchten vor allem, das öffentliche Interesse zu schützen und Mißbräuche zu bekämpfen.

Nachdem die Kaufleute aus dem Süden das Versicherungswesen in den *Niederlanden* eingeführt hatten, entstanden auch dort gesetzliche Regelungen über das Assekuranzwesen. Eine Verordnung Philipps von Burgund vom 15. Februar 1458 zeigt, daß das Versicherungswesen in den Niederlanden zu dieser Zeit bereits ein großes Ausmaß erreicht haben muß. Der Erlaß richtet sich gegen zahlreiche Mißstände. So sollen die zu einer Zahlung verurteilten Versicherer ihre Leistung oft lange hinausgeschoben haben, indem sie immer wieder Revisionen ihres Prozesses verlangten. Dadurch liefen manche Versicherte Gefahr, die Zahlung der ihnen zugesprochenen Versicherungssumme nicht mehr zu erleben. Die Verordnung von 1458 versuchte diesem Mißstand abzuhelfen. 1537 verbesserte und ergänzte Karl V. den Erlaß und traf vor allem eine Neuregelung der Zahlungsfristen[26]. In den Jahren 1549[27] und 1551 folgten in den Niederlanden weitere Edikte, die das Assekuranzwesen ordneten[28].

Am meisten Bedeutung erlangte die Ordonnanz Philipps II. vom 31. Oktober 1563[29]. Sie schuf ein Musterpolicenformular und regelte die Gebräuche an der Versicherungsbörse von Antwerpen.

Der friedfertigen Regentin Margarete von Parma folgte Herzog Alba als tyrannischer Statthalter. Im Namen des Königs erließ er am 31. März 1568 eine Ordonnanz, welche die Assekuranz bei Strafe verbot[30]. Als Begründung des Verbotes dienten die anhaltenden Mißstände im Assekuranzgewerbe. In Wirklichkeit aber war es mit poli-

---

[26] Text bei Pardessus, Collection IV 37/38.
[27] Es trifft nicht zu, wenn Manes (I 39) meint, das Gesetz Karls V. von 1549 sei das *erste* niederländische Gesetz gewesen, das den Seeversicherungsvertrag mit zwingender Kraft geregelt habe.
[28] Texte bei Pardessus, Collection IV 38 ff. und 44 ff.; vgl. auch Weskett/ Engelbrecht III 1. Abt. 13.
[29] Text der Ordonnanz bei Magens, Hamburger Ausgabe 397 ff. (holländisch); Londoner Ausgabe II 14 ff. (englische Übersetzung); Pardessus, Collection IV 64 ff. (holländisch mit französischer Übersetzung); vgl. auch Kracht 12 ff.; Plass 29 ff.; Reatz 4; Sack 57; Weskett/Engelbrecht III 1. Abt. 13.
[30] Kracht 22; Plass 32; Weskett/Engelbrecht III 1. Abt. 13.

tischen Erwägungen motiviert: Um gegen die feindlichen Engländer sowie gegen Piraten gewappnet zu sein, erstrebte Herzog Alba die kriegerische Ausrüstung sämtlicher niederländischen Handelsschiffe. Die Kaufleute waren bisher zu sorglos gewesen, wurde doch bei einer Kaperung ihrer Schiffe der Verlust durch die Assekurateure gedeckt. Ohne Assekuranz lag es in ihrem größten Interesse, die Schiffe so auszurüsten, daß sie sich zu verteidigen vermochten. Das Assekuranzwesen hatte jedoch in den Niederlanden bereits eine solche Bedeutung erlangt, daß sich das Verbot nicht durchsetzen konnte. Obschon sich Herzog Alba bemühte, es mit aller Strenge aufrecht zu erhalten, protestierten die Kaufleute ununterbrochen, bis es ihnen gelang, die Aufhebung des Verbotes zu erwirken. Am 27. Oktober 1570 wurde die Versicherung wieder gestattet, und eine neue Verordnung[31, 32] bedrohte alle Mißbräuche in diesem Gewerbe mit schwerer Strafe. Die Lebensversicherung wurde ausdrücklich verboten. Da sich die Kaufleute immer noch nicht zufrieden gaben, wurde am 20. Januar 1571 unter Mitwirkung erfahrener und einflußreicher Handelsleute ein neues Dekret erlassen, welches Ruhe und Ordnung an der Versicherungsbörse von Antwerpen wieder herstellte[33].

Aus dieser Episode wird ersichtlich, welch große Rolle die Assekuranz bereits im 16. Jahrhundert in den Niederlanden spielte. Selbst bei der Regierung muß die Versicherung in hohem Ansehen gestanden haben, wurde doch versucht, das Assekuranzwesen für politische Zwecke zu mißbrauchen.

In den folgenden Jahrzehnten entstanden neue Verordnungen, die weitere Einzelheiten der Versicherung regelten[34].

Auch in den ältesten Versicherungsverordnungen der Niederlande bleibt die Rückversicherung unerwähnt. Wie in Italien und Spanien untersteht sie offenbar dem allgemeinen Versicherungsrecht.

---

[31] Text dieser Verordnung bei Pardessus, Collection IV 103 ff.; vgl. auch Plass 32; Weskett/Engelbrecht III 1. Abt. 13.
[32] Es ist unzutreffend, wenn „The Review" [88 (1957) 401] schreibt, der Erlaß von 1570 sei „the first instance of the intervention of the state in matters of this kind".
[33] Vgl. Kracht 22 ff.; Plass 32.
[34] Nennenswert sind vor allem die Kostumen von Antwerpen 1582, 1609, Rotterdam 1604 und von Amsterdam 1598, 1606, 1607, 1610, 1614, 1620, 1621, 1626, 1682, 1687, 1688, 1693, 1699 usw. Texte verschiedener dieser Erlasse bei Pardessus, Collection IV 122 ff.

III. Der „Guidon de la Mer"[35]

Der „Guidon de la Mer" ist eine in der zweiten Hälfte des 16. Jahrhunderts[36] in Rouen erschienene Abhandlung eines unbekannten Verfassers über die Seeversicherung. Er gibt einen guten Überblick über die der Seeschiffahrt und besonders der Seeversicherung eigenen Gebräuche. Der Guidon besitzt keine positive Rechtskraft. Er beschreibt lediglich das Gewohnheitsrecht und die Usancen, welche die Assekuranz in der zweiten Hälfte des 16. Jahrhunderts beherrschten[37].

Sein Verfasser war ein ausgezeichneter Jurist. Er muß der neuen Richtung der Rechtswissenschaft, welche damals in Frankreich aufgekommen war, angehört haben. Man nimmt an, er habe unter dem Einfluß der Juristen *Cujacius* und *Donellus* gestanden[38].

Wagner beschreibt die Charakteristik des Guidon mit folgenden Worten:

> „Keine Begriffsspalterei, und doch überall das Hervortreten allgemeiner Rechtsgrundsätze, kein Sich-Verlieren in den Irrgängen einer nichtssagenden Casuistik und doch überall eine liebevolle Berücksichtigung des Individuellen, das sind die großen Vorzüge, welche dieses Rechtsbuch aufzuweisen hat[39]."

Den überlieferten Texten muß mit einer gewissen Skepsis begegnet werden, da durch spätere Bearbeitungen Mängel und Irrtümer entstanden sind[40]. *Clairac*[41] schreibt dazu:

> „Cet ouvrage était devenu tant maculé d'erreurs, de fautes d'obmissions et de transpositions, qu'il gisait dans le mépris comme un diamant brut tout-à-fait obscur et méconnaissable."

---

[35] Text bei Pardessus, Collection II 377 ff.

[36] The Review [88 (1957) 401] nimmt an, der Guidon sei schon 1556 veröffentlicht worden. Dagegen weist Pardessus (Collection II 372) nach, daß er erst nach 1584 entstanden sein könne.

[37] Vgl. Becker 9; van de Casteele 8 ff.; Emérigon, Préface XIII ff.; Landousy 106; Mainardi/Hillbrandt 1; Pardessus, Collection II 369 ff.; Sack 57 ff.; Wagner bei Binding 49.

[38] Wagner bei Binding 49.

[39] Wagner bei Binding 49.

[40] Vgl. Mainardi/Hillbrandt 1, Anm. 1.

[41] Zitiert bei Berthelin/Viret/Lucas 284; Boulay/Paty I 26; Emérigon I Préface XIV.

Der Guidon gibt die Police und die Vertragsbedingungen bis in alle Einzelheiten wieder. Besonders erwähnenswert ist die Tatsache, daß die Rückversicherung im „Guidon de la Mer" genannt wird. Der Artikel 19 des 2. Kapitels lautet:

„S'il advient que les asseureurs ou aucuns d'eux, après avoir signé en quelque police, se repentent, ou ayent peur, ou ne voudroient asseurer sur tel navire, il sera en leur liberté de le faire reassurer par d'autres, soi en plus grand ou moindre prix : mais pour cela ne se pourra desobliger que le chargeur ne s'adresse directement à eux, parce qu'ayant par leur seing donné leur promesse, quelques protestations, assignations qu'ils fassent au contraire, ils ne pourront se desobliger sans le consentement de l'asseuré[42]."

Die Voraussetzungen für eine echte Rückversicherung sind erfüllt: Der Erstversicherer bleibt dem Versicherten gegenüber gebunden. Zwischen dem Rückversicherer und dem Versicherten besteht keine Fühlungnahme. Es ist daher juristisch nicht zutreffend, wenn die im Guidon genannte Rückversicherung zu den Vorläufern der Rückversicherung gezählt und nur als rückversicherungsähnliches Geschäft bezeichnet wird[43].

Auch der Artikel 20 desselben Kapitels spricht von „reassurer". Wir haben aber bereits festgestellt[44], daß es sich hier um eine Versicherung der Solvenz handelt, bei der die Bezeichnung „Rückversicherung" fehl am Platze ist.

Der Guidon bestimmte noch lange das Assekuranzwesen Europas und wurde zur Grundlage fast aller nachfolgenden Gesetze über die Seeversicherung. Zahlreiche Bestimmungen der berühmten Ordonnanzen Ludwigs XIV. aus dem Jahre 1681[45] sind ihm entnommen. Die Ordonnanzen Ludwigs XIV. wiederum wurden zum Vorbild der Versicherungsbestimmungen des Code de Commerce Napoleons, so daß die Grundzüge des „Guidon de la Mer" noch heute geltendes Recht sind. Wir können deshalb die Bedeutung des „Guidon de la Mer" in der Entwicklung des Seeversicherungsrechtes nicht hoch genug einschätzen.

[42] Pardessus, Collection II 385.
[43] So z. B. van der Haegen 29.
[44] Vgl. vorne § 6 I 4.
[45] Vgl. nächsten Abschnitt.

IV. Die „Ordonnances de la Marine" von Ludwig XIV.[46]

Die „Ordonnances de la Marine" waren das Werk des genialen Finanzministers Ludwigs XIV. Colbert und dessen Sohn Seignelay. Colbert ließ an allen Häfen und Seefahrtszentren durch qualifizierte Fachleute Erhebungen durchführen, um die Gebräuche bei der Seeschiffahrt und der Seeversicherung zu erkunden. Der „Guidon de la Mer" und die gesammelten Materialien bildeten die Grundlage der 1681 erlassenen „Ordonnances de la Marine". Im Gegensatz zum „Guidon de la Mer" besaßen die Ordonnanzen Ludwigs XIV. staatliche Autorität und positive Rechtskraft.

Valin[47] bezeichnet dieses Gesetzeswerk zu Recht als „monument de sagesse et d'intelligence". Es wurde zum Vorbild der modernen Versicherungsgesetzgebung und ist ein Zeugnis für die Pionierleistungen Frankreichs auf dem Gebiete des Seeversicherungsrechtes.

Im Jahre 1686 wurden die Ordonnanzen durch die „applications" ergänzt und vervollkommnet. Die Rückversicherung wird im VI. Titel des 3. Buches geregelt. Der Art. 20 lautet:

„Il sera loisible aux assûreurs de faire réassûrer par d'autres les effets qu'ils auront assûrés; ... .[48]"

Im Art. 21 heißt es weiter:

„Les primes de réassûrances pourront estre moindres ou plus fortes que celles des assûrances[49]."

Auf den ersten Blick ist die Anlehnung an den Art. 19 Kap. 2 des Guidon zu erkennen[50]! Die Art. 20 und 21 der Ordonnanzen wurden vom Code de Commerce Napoleons fast wörtlich übernommen. Art. 342 I des Code lautet:

„L'assureur peut faire réassurer par d'autres les effets qu'il a assurés."

---

[46] Text der Ordonnanzen bei Pardessus, Collection IV 325 ff.; übersetzter Auszug des Textes bei Magens, Hamburger Ausgabe 667 ff.; vgl. auch van de Casteele 97; Emérigon, Préface XV/XVI; Golding, History 37; Metzger 9; Picard 2.

[47] Zitiert bei Richard 10.

[48] Emérigon I 247; Magens, Hamburger Ausgabe 681/82; Pardessus, Collection IV 372.

[49] Emérigon I 247; Magens, Hamburger Ausgabe 682; Pardessus, Collection IV 373.

[50] Vgl. vorne § 7 III.

Im Art. 342 III steht weiter:

„La prime de réassurance peut être moindre ou plus forte que celle de l'assurance."

Auch der Art. 22 der Ordonnanzen, der ebenfalls die Rückversicherung erwähnt, ist auf dem Guidon aufgebaut:

„Defendons de faire assûrer ou réassûrer des effets au delà de leur valeur, par une ou plusieurs polices; à peine de nullité de l'assûrance et de confiscation des Marchandises[51]."

Der betreffende Art. 16 des Kap. 2 des Guidon spricht allerdings in bezug auf die Über- oder Doppelversicherung nur von Direkt-, nicht von Rückversicherungen.

Auch diese Bestimmung der Ordonnanzen wurde vom Code de Commerce fast wörtlich übernommen[52]. Die genannten Art. 342 und 357 des Code de Commerce sind heute noch unverändert in Kraft.

Was kann uns besser beweisen, daß die in den Ordonnanzen Ludwigs XIV. geregelte Rückversicherung den Voraussetzungen unserer modernen Reassekuranz entspricht, als die Tatsache, daß diese Bestimmungen der Ordonnanzen noch heute, fast wörtlich gleichlautend, rechtsgültig sind? Was kann die Bedeutung und den fortschrittlichen Charakter des großartigen Gesetzeswerkes besser unterstreichen als der Umstand, daß zahlreiche seiner Regelungen noch 300 Jahre nach seinem Erlaß positives Recht sind?

V. Die ersten Bestimmungen über die Rückversicherung außerhalb Frankreichs

Kurz nach der Veröffentlichung des „Guidon de la Mer" wurde im Jahre 1609 in den *Kostumen von Antwerpen* die Rückversicherung ausdrücklich gestattet[53]. Man kann annehmen, daß diese Kostumen die ersten Gesetze sind, in denen die Rückversicherung erwähnt wird. Nach dem Erlaß der Ordonnanzen Ludwigs XIV. fand das Institut der Rückversicherung in den verschiedenen Versicherungsgesetzgebungen Europas immer mehr Beachtung.

Die bedeutendste aller Assekuranzgesetzgebungen des 18. Jahrhunderts ist die *Hamburger Assekuranz- und Havarieordnung* aus dem

---

[51] Text bei Magens, Hamburger Ausgabe 682; Pardessus, Collection IV 373.
[52] Vgl. Code de Commerce Art. 357.
[53] Cruziger, Praxis 29; Herrmannsdorfer, Versicherungswesen 141; Kiesselbach 11; Sack 60.

Jahre 1731⁵⁴. Diese Verordnung diente als Muster für die Assekuranzordnungen der nordischen Länder⁵⁵. *Kiesselbach* schreibt über die Hamburger Assekuranz- und Havarieordnung⁵⁶:

> „Die hamburgische Assecuranz-Ordnung von 1731 ist im wesentlichen nur der Niederschlag des damals geltenden Gewohnheitsrechtes, wie es sich im Flusse der Zeit aus dem alten niederländischen Recht hier entwickelt hatte. Neue Rechtssätze hat das Gesetz nicht ans Licht gebracht; nur die vorhandenen Elemente, aus denen die Folgezeit weitere Rechtsgedanken entwickeln konnte, sind in ihr zusammengestellt."

Im XVIII. Titel, der die Überschrift „Von Reassecuranz" trägt, gestattet die Hamburger Assekuranzordnung die Rückversicherung in Art. 1 ausdrücklich:

> „Wann ein Assecuradeur durch jemand anderes den Risiko so er übernommen sich wieder versichern lassen will, so stehet ihm zwar solches frey, jedoch dass er seine von dem durch ihn versicherten Schiffe und Gütern habende Wissenschaft demjenigen Assecuradeur, der die Reassecuranz übernimmt, getreulich entdecke, und in der Police deutlich ausdrücke, dass die Versicherung auf Reassecuranz geschehe.
>
> Es bleibet aber derselbe seinem Assecurirten nichts destoweniger nach wie vor verbunden, und kan demselben durch solche Reassecuranz keineswegs präjudiciren⁵⁷."

Die Rückversicherung wurde unter der Bedingung gestattet, daß der Erstversicherer dem Rückversicherer über alle Daten der Direktversicherung getreulich Auskunft gebe und deklariere, daß es sich um eine Rückversicherung handle.

Der Art. 2 unter demselben Titel „Von Reassecuranz" spricht von der Afterversicherung, die eigentlich nicht zu dieser Überschrift gehört.

Auch das *Preussische Seerecht*⁵⁸ aus dem Jahre 1727 billigt die Rückversicherung in Kap. VI, Art. 17:

> „After-Versicherungen oder Reassecuranzen zu schliessen, sollen so wol die Assecuradeurs als Assecurirte freye Macht haben; und

---

⁵⁴ Text bei Magens, Hamburger Ausgabe 758 ff.
⁵⁵ Dänemark 1746, Schweden 1750, Preußen 1766. Vgl. Kiesselbach 133.
⁵⁶ Kiesselbach 134.
⁵⁷ Magens, Hamburger Ausgabe 789; Weskett/Engelbrecht II 83.
⁵⁸ Text bei Magens, Hamburger Ausgabe 719 ff.

mögen dannhero die Assecuradeurs über so viel, als sie selbst versichert haben, doch nicht ein mehreres; ...[59]"

Der Text ist unklar; die Worte „Afterversicherungen" und „Reassecuranzen" wären nur im richtigen Sinne gebraucht, hätten sie die Bedeutung, daß die Assekurateure Reassekuranzen und die Versicherten Afterversicherungen abschließen dürfen. Es ist heute leider nicht mehr festzustellen, was der Gesetzgeber wirklich wollte und wie das Gesetz ausgelegt wurde.

Nach dem Preussischen Seerecht darf die Rückversicherungssumme die Erstversicherungssumme nicht übersteigen. Das richtete sich gegen jene Assekurateure, welche die Erstversicherungssumme zuzüglich der Rückversicherungsprämie rückversichern wollten.

In der *Ordonnanz von Bilbao* von 1738[60] ist die Rückversicherung nur erlaubt, wenn der Rückversicherer anzeigt, daß es sich um eine solche handelt. Die Prämie darf dabei höher oder niedriger sein als die Originalprämie. Kap. XX, Art. 43 lautet in der deutschen Übersetzung von *Weskett/Engelbrecht*:

„Die Assecuradeurs mögen sich bey andern (um eine höhere oder geringere Prämie als sie empfangen haben) für die von ihnen gezeichnete Summen reassecuriren lassen, und die Versicherten mögen sich ebenfalls von andern sowohl wegen der bezahlten Prämie, als wegen dessen was sie von den ersten Assecuradeurs haben sollten reassecuriren lassen; es müssen aber die Umstände von einem und andern in der Police ausgedruckt werden[61]."

Wie schon im Abschnitt über den Mißbrauch des Wortes „Rückversicherung" festgestellt wurde[62], kommt in der zweiten Hälfte dieser Bestimmung „reassecuriren" fälschlicherweise für die Versicherung der Prämie und die Versicherung der Solvenz zur Anwendung.

Die *Königlich Schwedische Assekuranz- und Havarieordnung* aus dem Jahre 1750[63] erlaubt die Rückversicherung in Art. 10 § 1:

„Es wird zwar einem jeden, der Versicherung gegeben, verstattet, wegen seiner ausgegebenen Assecuranz bey einem anderen auf

---

[59] Magens, Hamburger Ausgabe 725; Weskett/Engelbrecht II 82/83.
[60] Text bei Magens, Londoner Ausgabe II 394 ff.
[61] Weskett/Engelbrecht II 83.
[62] Vgl. vorne § 6 I 4 und 6.
[63] Schwedischer Originaltext mit deutscher Übersetzung bei Magens, Hamburger Ausgabe 816 ff.

solche Art, wie der vorhergehende Vte Articul von der Pflicht des Assecurirten vermag, eine Reassecuranz zu nehmen; Jedoch liegt ihm ob, dass er nicht nur seinem Reassecuradeur alle die Nachrichten, welche er bis zu der Zeit von dem assecurirten Schiffe gehabt, redlich entdecke, und ausdrücklich in der Police einfließen lasse, dass es auf Assecuranz geschehen sey, sondern auch gleichfalls seinem Assecurirten für alles dasjenige, was er in seiner eigenen Police gezeichnet, und demselben angelobt hat, gehalten sey[64]."

Es ist offensichtlich, daß sich der Wortlaut des schwedischen Gesetzes an die Hamburger Assekuranzordnung anlehnt. Wie beim hamburgischen Erlaß wird unter dem Titel „Von der Rück-Versicherung oder Reassekuranz" unangebrachterweise auch noch die Afterversicherung geregelt[65].

Die *holländischen und dänischen Assekuranzgesetze* regeln die Rückversicherung nicht, sondern überlassen sie dem freien Ermessen der Vertragspartner[66].

In *England* wurde die Rückversicherung 1746 durch ein Dekret Georgs II. verboten[67].

In der zweiten Hälfte des 18. Jahrhunderts folgten in vielen anderen Staaten Europas zahlreiche Assekuranzordnungen, welche die Rückversicherung als legal erklärten. Dabei wurden keine Regelungen getroffen, die von den bisher aufgezählten Bestimmungen wesentlich abwichen.

VI. Die Gesetzgebung als Indiz für die Bedeutung der Rückversicherung

Früher befaßte sich die Gesetzgebung erst dann mit einem Handelsinstitut, wenn sich dieses im Handelsverkehr bereits durchzusetzen vermochte. Somit waren die Handelsgesetze — abgesehen von den Normen gegen den Mißbrauch einzelner Institute — eher deklaratorischer als konstitutiver Natur. Im Versicherungswesen zeigt sich diese Tatsache besonders deutlich. So schreibt *Manes:*

---

[64] Deutsche Übersetzung von Magens, Hamburger Ausgabe 868.
[65] Art. 10 § 2 der Königlich Schwedischen Assekuranz- und Havarieordnung von 1750.
[66] Benecke I 283.
[67] Vgl. hinten § 9.

„Wohl in keinem Wirtschafts- und Rechtsgebiet ist die merkwürdige Erscheinung so stark ausgeprägt vorhanden wie bei der Seeversichrung, daß von privater Seite allgemein anerkannte Rechtsgrundsätze geschaffen werden, die der Staat in seiner erst später folgenden Gesetzgebung respektieren muß, weil er Besseres nicht an die Stelle setzen kann...[68]"

Als Beispiel dafür können die bedeutendsten früheren Assekuranzordnungen genannt werden: Wir haben gesehen, daß die Ordonnanzen von Barcelona aus dem 15. Jahrhundert[69], die Ordonnanzen Ludwigs XIV.[70] und die Hamburger Assekuranz- und Havarieordnung von 1731[71] auf Gewohnheitsrecht basierten.

Die Tatsache, daß die genannten Assekuranzordnungen das bereits vorhandene Gewohnheitsrecht wiedergaben und wenig neues Recht schufen, wurde bisher kaum beachtet, obwohl sie für die Betrachtung der Geschichte der Rückversicherung von größter Bedeutung ist. Da nur wenige Beispiele aus den ersten Jahrhunderten der Rückversicherung überliefert worden sind, ziehen zahlreiche Autoren die Schlußfolgerung, die Rückversicherung sei vor dem 19. Jahrhundert nur sehr selten und vereinzelt vorgekommen. Die Assekuranzordnungen, welche die Rückversicherung erwähnen, beweisen uns aber, daß diese Annahme zumindest für das Ende des 17. und das 18. Jahrhundert nicht mehr zutrifft. Die Regelung der Rückversicherung in den verschiedenen Assekuranzordnungen der damaligen Zeit ist nicht nur ein Beweis für die bloße Existenz der Rückversicherung, sondern zugleich *ein Indiz dafür, daß sich die Rückversicherung vor dem Erlaß der einzelnen Gesetze im Gewohnheitsrecht des betreffenden Landes durchgesetzt hatte*. Wäre die Rückversicherung damals nur selten angewandt worden und noch nicht Brauch gewesen, hätten sie die Versicherungsverordnungen nicht erwähnt.

Aus der Erwähnung der Rückversicherung in den genannten Gesetzen können wir zusammenfassend den Schluß ziehen, daß diese bereits im 14. und 15. Jahrhundert existiert hat[72], jedoch noch nicht oft angewandt wurde; in den Ordonnanzen von Barcelona oder in

---

[68] Manes HWS VIII 276.
[69] Über die Ordonnanzen von Barcelona vgl. vorne § 7 II.
[70] Über die Ordonnanzen Ludwig XIV. vgl. vorne § 7 IV.
[71] Über die Hamburger Assekuranz- und Havarieordnung von 1731 vgl. vorne § 7 V.
[72] Vgl. den Genueser Vertrag von 1370, vorne § 4.

einem der zahlreichen Statuten Italiens oder Spaniens wären sonst Hinweise auf dieses Institut zu finden. Bis spätestens zur Mitte des 16. Jahrhunderts muß die Rückversicherung eine gewisse Bedeutung erlangt haben, da sie vom „Guidon de la Mer"[73] und wenig später von den Kostumen von Antwerpen genannt wird. Ursprünglich aus den Mittelmeerländern kommend, folgte die Rückversicherung den Spuren der Seeversicherung und faßte im 17. und beginnenden 18. Jahrhundert endgültig in Frankreich, den Niederlanden und England Fuß. Ebenso war sie zu Beginn des 18. Jahrhunderts in Deutschland Brauch[74]. Von Hamburg und den Niederlanden gelangte sie spätestens in der ersten Hälfte des 18. Jahrhunderts nach Skandinavien.

§ 8 Die Judikatur

I. Die Versicherungsgerichte

Schon in den frühesten Jahren der Versicherung hatten sich die Gerichte mit Streitfällen aus Versicherungsverträgen zu befassen. In den Archiven von Venedig finden sich zahlreiche Urteile in Versicherungsstreitigkeiten aus dem Ende des 14. Jahrhunderts[1]. *Bensa* fand in Italien verschiedene Urteile aus dem 15. Jahrhundert[2]. Ferner wurde der Nachwelt eine Reihe von Urteilen aus Versicherungsprozessen des Schöffengerichtes von Brügge aus den Jahren 1444—1477 überliefert[3]. 1464 schuf man in Venedig ein Versicherungsgericht[4]. Im Jahre 1590 kam zum erstenmal ein Versicherungsstreit vor ein Hamburger Gericht[5]. Auch in den Niederlanden befaßten sich die

---

[73] Vgl. vorne § 7 III.

[74] Damit wird die Ansicht von Bluntschi/Brater (XI 46), die behaupten, die Rückversicherung sei erst um 1840 nach Deutschland gekommen, widerlegt. Ebenso ist die Meinung Endemanns unzutreffend, wonach die Rückversicherung erst in den dreißiger Jahren des 19. Jahrhunderts, hauptsächlich infolge der Konkurrenz der Feuerversicherungsanstalten, gebräuchlich geworden sei. Vgl. Endemann ZHR 10, 259, Anm. 1.

[1] Vgl. Stefani I 72/73, I 199 ff., sowie die Dokumentensammlung.

[2] Bensa AssJahrb 10 III 6 ff.

[3] Kiesselbach 3/4; Liebig, Seeversicherung 26.

[4] Winter 8.

[5] Das ist aus folgendem Satz dieses Prozesses ersichtlich: „... dieweil diese Assekurationssachen bishero in diesem Gerichte nicht sein tractieret". Vgl. Manes II 7.

Gerichte zu dieser Zeit mit zahlreichen Versicherungsfragen, so daß 1598 in Amsterdam eine Assekuranzkammer eingerichtet wurde[6]. Im Jahre 1600 folgte eine Assekuranzkammer in Middelburg und 1604 eine in Rotterdam[7].

Durch eine Verordnung wurde 1601 in London eine Assekuranz-Kommission eingesetzt, welche sich mit Versicherungsstreitigkeiten zu befassen hatte[8]. Sie soll sich aber nicht bewährt haben; erst als Lord Mansfield 1756 zum Richter der Kings Bench ernannt wurde, begann, wie *Dernburg/Kohler* berichten[9], die große Periode des Versicherungsrechtes in England. In Frankreich wurden besonders die Urteile der Admiralität von Marseille überliefert[10].

Schon früh einigten sich die Parteien, ihren Streit auch vor ein Schiedsgericht zu bringen. So wurde der bekannte Versicherungsjurist Emérigon häufig als Schiedsrichter angerufen[11]. Auch aus Amsterdam werden Namen bekannter Anwälte, die als Schiedsrichter amteten, überliefert[12]. Aus Hamburg berichtet *Krause*[13], man habe um die Wende des 17. Jahrhunderts die schon früher beobachtete, dann aber aus der Übung gekommene Gewohnheit wieder aufgenommen, in Seeversicherungssachen „gute Männer" durch Schiedsspruch entscheiden zu lassen[14].

Reatz[15] beschäftigt sich mit der Frage, an welches Recht sich die Richter zu halten hatten. Er kommt zu folgendem Ergebnis:

„Über das Verhalten des Richters bei der Anwendung des Seeversicherungsrechts in einer bestimmten Zeitperiode kann daher ein Zweifel nicht bestehen. Hatte das Territorium, dem er angehörte, ein besonderes Gesetz, so galt dies als Particularrecht, und er mußte es anwenden, mochten auch die Völker ringsum in der

---

[6] Masius 2.
[7] Masius 2.
[8] Dernburg/Kohler VI 353; Masius 2; Wright/Fayle 37 ff.
[9] Dernburg/Kohler VI 353.
[10] Vgl. die Judicatur hinten § 8 II.
[11] Vgl. über Emérigon hinten § 8 II.
[12] Vgl. Golding, History 27.
[13] Krause 73.
[14] Vgl. mehr über Versicherungs-Schiedsgerichte in Deutschland bei Krause 73/74.
[15] Reatz 11 ff.

Erkenntnis des innersten Wesens des Seeversicherungsrechts die bedeutendsten Fortschritte gemacht haben, und zu wesentlich anderen Rechtssätzen gelangt sein. Handelte es sich aber um Fragen, bei deren Entscheidung sein Particularrecht ihn im Stiche ließ, und er auf das gemeine Recht verwiesen war, so mußte er sich im Fall der Übereinstimmung aller übrigen Rechte an diese halten, selbst dann, wenn er auf Grund sorgfältiger wissenschaftlicher Forschungen aus der reinen Idee der Versicherung zu anderen Resultaten gelangen zu müssen glaubte, weil jene Rechte die Rechtsanschauungen aller Völker, des Volkes von Europa, repräsentierten. Wo aber Verschiedenheiten obwalteten, da trat das Recht der freien Forschung für ihn ein, und er wird naturgemäß stets den neueren Rechten sich angeschlossen haben, indem diese als die Repräsentanten der Rechtsanschauungen der neueren Zeit erschienen[16]."

Es würde den Rahmen dieser Arbeit sprengen, würden wir weiter auf das richterliche Recht eingehen. Es führte auch zu weit, die zahlreichen Versicherungskammern, die sich im Laufe der Jahrhunderte besonders an den Hafenplätzen bildeten, näher zu untersuchen[17]. Wir wollen uns darauf beschränken, die wichtigsten Streitfragen, die sich aus der frühen Rückversicherung ergaben, aufzuzählen.

II. Die Gerichtspraxis in Streitfragen über Rückversicherungen

Kenntnis von Prozessen über Rückversicherungsverträge verdanken wir vor allem dem großartigen Werk von *Emérigon*, „Traité des assurances et des contrats à la grosse", das im Jahre 1783 erschienen ist[18]. Emérigon war ein berühmter Anwalt in der Provence und zugleich Berater am Gericht der Admiralität zu Marseille. Dank seiner ausgedehnten Anwaltspraxis war Emérigon in der Lage, von unzähligen Versicherungsprozessen zu berichten. In seinem Werk sind auch manche Urteile über Rückversicherungsstreitigkeiten zu finden.

---

[16] Reatz 11/12.
[17] Vgl. dazu Krause 73/74; Plass 22ff.; Weskett/Engelbrecht I 127 ff.
[18] Emérigon definiert darin (I 247) auch die Rückversicherung: „La Réassurance est un Contrat par lequel, moyennant une certaine prime, l'Assureur se décharge sur autrui des risques maritimes dont il s'était rendu responsable; mais dont il continue cependant d'être tenu vis-à-vis de l'Assuré primitif."

Aus den von Émérigon zitierten Entscheiden ist ersichtlich, daß die Gerichtspraxis der verschiedenen Gerichte Frankreichs nicht immer einheitlich war. Auf die Dauer setzte sich aber dann immer eine bestimmte Ansicht durch und begründete die zukünftige Praxis. Folgende Streitfragen aus Rückversicherungsverträgen führten häufig zu Gerichtsentscheiden:

1. Ist der Erstversicherer verpflichtet, die Versicherungssumme auch dann zu bezahlen, wenn der Rückversicherer seine Leistung nicht erbringt und im Erstversicherungsvertrag die Klausel „to pay, when the reinsurers shall have paid" steht?

Der Erstversicherer legte die Klausel so aus, daß er den Rechtsanspruch des Versicherten auf die Versicherungssumme für erloschen erklärte, wenn der Rückversicherer die Zahlung aus irgendeinem Grunde verweigert hatte.

Ein Schiedsgericht erklärte am 25. Mai 1633, diese Klausel räume dem Erstversicherer nur eine angemessene Frist ein, damit er sich in der Zwischenzeit an den Rückversicherer wenden könne[19]. Das Gericht hatte also den Charakter der Rückversicherung richtig erkannt. Bei Nichtbezahlung der Rückversicherungssumme ist der Erstversicherer der Benachteiligte und keinesfalls der Versicherte. Dieser steht in keinem Zusammenhang mit dem Rückversicherer. Es wäre ungerecht, würde das Schicksal des Versicherten von der Solvenz des Rückversicherers abhängen, bei dessen Auswahl er nicht mitzureden hatte. Der Erstversicherer hat die Versicherungssumme daher unabhängig von der Leistung des Rückversicherers zu bezahlen.

2. Hat der Versicherte bei Konkurs des Erstversicherers das Privileg, die Rückversicherungssumme aus der Konkursmasse zu erhalten, oder fällt diese in die Konkursmasse, so daß der Versicherte nur eine entsprechende Konkursdividende erhält?

Am 7. September 1763 entschied das Gericht der Admiralität zu Marseille, daß dem Versicherten kein Konkursprivileg auf die Rückversicherungssumme zukomme[20]:

„Il suit de ce principe, que l'Assuré primitif ne peut exercer ni action directe, ni privilege sur la Réassurance[21]."

---
[19] Golding, History 27.
[20] Émérigon I 248, II 588.
[21] Émérigon I 248.

Auch der Hamburger Versicherungsfachmann *Benecke*[22], der 1810 sein „System des Assekuranz- und Bodmereiwesens", das deutsche Gegenstück zu Emérigons Werk, veröffentlichte, und *Magens*[23] kommen zum gleichen Ergebnis.

3. Darf der Rückversicherer davon profitieren, daß der Versicherte mit dem Erstversicherer einen Vergleich abgeschlossen hat, nach welchem der Versicherer nur einen Teil der Versicherungssumme bezahlen muß?

Ein Pariser Schiedsgericht entschied am 23. Februar 1674, daß auch der Rückversicherer von diesem Vergleich profitieren dürfe und die Rückversicherungssumme entsprechend gekürzt werden könne[24]. Anders entschied das Gericht der Admiralität zu Marseille am 17. Dezember 1748[25]. Nach diesem Urteil muß der Rückversicherer die gesamte Rückversicherungssumme bezahlen, selbst wenn der Erstversicherer nicht die ganze Erstversicherungssumme zu leisten verpflichtet ist[26]. Am 28. April 1780 wurde dieser Entscheid bestätigt[27]. Das fast hundert Jahre vor dem Marseiller Entscheid tagende Pariser Schiedsgericht hat das Wesen der Rückversicherung klarer erkannt. Das versicherte Interesse bei der Rückversicherung ist nicht das versicherte Objekt der Erstversicherung, sondern die Ersatzleistung, welche sich der Erstversicherer dem Versicherten zu leisten verpflichtet hat. Wird die Erstversicherungssumme gekürzt, so verkleinert sich auch der zu deckende Schaden der Rückversicherung.

4. Darf der Erstversicherer die gesamte Erstversicherungssumme rückversichern, oder muß er die vom Versicherten erhaltene Prämie von der Erstversicherungssumme abziehen?

Valin[28] vertritt die Ansicht, die Rückversicherungssumme müsse aus der Differenz zwischen der Erstversicherungssumme und der Erstversicherungsprämie bestehen. Der Erstversicherer habe die Versicherungsprämie zu Eigentum erhalten und laufe kein Risiko, sie zu verlieren.

---

[22] Benecke I 281.
[23] Magens, Londoner Ausgabe I 94; vgl. auch Weskett/Engelbrecht II 82.
[24] Vgl. den Fall de La Roche, hinten § 8 III.
[25] Emérigon 248/49.
[26] Diese Ansicht vertreten auch Weskett/Engelbrecht III 1. Abt. 194.
[27] Emérigon 249.
[28] Valin II 67; vgl. auch Emérigon I 249.

Emérigon ist gegenteiliger Ansicht. Im Jahre 1759 entschied er in einem Streitfall, bei dem er als Schiedsrichter amtete, die Rückversicherungssumme könne gleich groß sein wie die Erstversicherungssumme[29]. Die Ordonnanzen Ludwigs XIV. würden dagegen nichts einwenden. Der gleichen Meinung ist auch *Roccus*[30], der schreibt:

„Et iste secundus assecurator tenetur, pro assecuratione facta a primo, et ad solvendum omne totum quod primus assecurator solverit."

Ein anderer namhafter Versicherungsfachmann jener Zeit, *Boulay-Paty*[31] schließt sich dem Urteil Emérigons ebenfalls an.

Am 28. Juli 1761 unterstützte das Gericht der Admiralität zu Marseille die Ansicht Valins und erklärte, die Rückversicherungssumme könne höchstens aus der Differenz zwischen Erstversicherungssumme und Erstversicherungsprämie bestehen[32]. Das Urteil wurde hingegen am 18. Juni 1762 revidiert, indem das Gericht im Sinne Emérigons entschied:

„L'Assureur peut faire réassurer l'entière somme par lui assurée, sans déduire la prime qu'il avait reçue de la part du premier Assuré[33]."

5. Genügt die Vorweisung einer Quittung über die vom Direktversicherer bezahlte Versicherungssumme, um den Rückversicherer zu verpflichten, die Rückversicherungssumme zu bezahlen, wenn der Rückversicherungsvertrag eine Klausel enthält, in welcher eine solche Vereinbarung getroffen wurde?

Diese Klausel wurde von den Gerichten als rechtsgültig bezeichnet[34]. Es wird aber vorausgesetzt, daß der Erstversicherer die Versicherungssumme in gutem Glauben bezahlt hat und nicht etwa in der böswilligen Absicht, in Komplott mit dem Versicherten den Rückversicherer um die Rückversicherungssumme zu prellen. Der vom Rückversicherer erbrachte Beweis, daß der Erstversicherer den Scha-

---

[29] Emérigon I 249/50.
[30] Zitiert bei Emérigon I 250.
[31] Boulay-Paty II 64/65.
[32] Emérigon 251/52.
[33] Emérigon I 252; vgl. auch Benecke I 284.
[34] Über diese Klausel bestehen zahlreiche Gerichtsurteile verschiedener Gerichte Frankreichs. Vgl. Emérigon I 337—340. Auch in Deutschland führte sie zu vielen Prozessen. Vgl. Seebohm II 607/8; Voigt 290.

densanspruch des Versicherten zu Unrecht anerkannt habe, genügt nicht, um ihn von der Leistung seiner Zahlung zu befreien. Er muß nachweisen können, daß der Erstversicherer mala fide oder culpa lata gehandelt hat, wenn er sich von der Zahlung befreien will. Wird also z. B. nach der gutgläubigen Bezahlung der Versicherungssumme durch den Direktversicherer ein Versicherungsbetrug aufgedeckt, so bleibt dem Rückversicherer nichts anderes übrig, als abzuwarten, bis der getäuschte Erstversicherer die Versicherungssumme vom betrügerischen Versicherten zurückerhalten hat. Erst dann steht dem Rückversicherer ein Regreßrecht gegenüber dem Erstversicherer zu[35].

6. Ein Amsterdamer Schiedsgerichtsprozeß aus dem Jahre 1694 hat nur indirekt mit der Rückversicherung zu tun. Es war die Frage zu entscheiden, ob ein Schiff, das unter der Bedingung „to sail in convoy" versichert worden war und ohne Begleitschiff fuhr, Anspruch auf die Versicherungssumme habe.

Die Richter befreien die Versicherer von ihrer Leistungspflicht. Aufschlußreich ist die Urteilsbegründung: Infolge der Klausel hätten die Versicherer das Risiko unterschätzt und angenommen, das Schiff fahre unter Begleitschutz. Hätten sie gewußt, daß das versicherte Schiff alleine fahre, so würden sie ihr Risiko möglicherweise mit Hilfe der Rückversicherung verkleinert haben[36].

Diesem Gerichtsentscheid ist zu entnehmen, daß es bereits am Ende des 17. Jahrhunderts Rückversicherungen gegeben haben muß, die zur planmäßigen Begrenzung der Risiken — nicht wegen des Eintrittes einer unvorhergesehenen Ursache[37] — abgeschlossen wurden.

Die Beispiele von Urteilen über Rückversicherungsstreitfälle wollen wir mit den Worten Emérigons abschließen, welche für jede Epoche der Rückversicherung die gleiche unvergängliche Bedeutung besitzen:

„Malgré ces dangers multipliés, le commerce de la réassurance ne laisse pas d'être très-fréquent parmi nous. La bonne foi qui regne dans la Loge, prévient en grande partie les inconvéniens[38] dont je viens de parler[39]".

---

[35] Golding 27; Sack 84.
[36] Vgl. über diese Klausel auch Benecke I 285; Droz I 167/168; Weskett/ Engelbrecht III 1. Abt. 194/95.
[37] Vgl. die Motive zum Abschluß der Rückversicherungen vorne § 6 II.
[38] Emérigon bezieht sich dabei auf die von ihm zitierten Rückversicherungsprozesse.
[39] Emérigon I 340.

III. Ein Rückversicherungsprozeß aus dem Jahre 1674[40]

Pierre de *La Roche*, ein französischer Kaufmannn, hatte seinen Geschäftssitz in Venedig. Wie zahlreiche Kaufleute seiner Zeit befaßte er sich nebenbei auch mit Assekuranzen. Um seine Zeichnungskapazität zu vergrößern, nahm er sich vor, ein Viertel aller von ihm übernommenen Risiken bei der Versicherungskammer in Paris[41] rückversichern zu lassen. Sein Korrespondent in Paris war Philippe Poquelin, ein bekannter Großkaufmann und Bankier. In den Jahren 1670 bis 1673 schloß Poquelin auf Rechnung von La Roche zahlreiche Rückversicherungen ab, welche Reisen im Mittelmeer — ein bis dahin in Paris wenig übliches Risiko — betrafen. In einem solchen Rückversicherungsvertrag stand z. B.:

„Nous les assureurs ci-dessous nommés, déclarons avoir pris à nos risques, périls et fortune, de vous M. Philippe Poquelin, pour compte de M. Pierre de La Roche, pour réassurance de deux mille cinq cent ducats par lui assurés à Venise sur marchandises chargées ou à charger dans le navire qui Dieu garde, l' ,Orloge de Mer', du port de 280 tonneaux environ, armé de 14 pieces de canon et de 6 pierriers, commandé par le Capitaine Dominique Cadenasso, pour venir de Venise à Londres; à commencer ledit risque depuis qu'il a parti ou partira de Venise et continuer icelui jusqu'à ce qu'il soit arrivé audit Londres, qu'il y ait séjourné dix jours pour sadite décharge après lesquels il cessera (14 juin 1672)."

Die Pariser Geschäftsbeziehungen La Roches waren leider sehr unbefriedigend. Als fünf rückversicherte Schiffe ihren Bestimmungsort nicht erreichten, hatte La Roche große Mühe, die Rückversicherungssumme herauszubekommen. Wenn er schließlich einen Teil dieser Zahlungen erhielt, so geschah dies erst nach langwierigen Schiedsgerichtsprozessen. Die Rückversicherer fanden jedesmal irgendeinen Grund, die Rückversicherung als nichtig zu erklären, indem sie sich auf einen Irrtum bei der Angabe des Kapitäns oder auf die Änderung der Schiffsroute beriefen. Auf einen dieser Schiedsgerichtsprozesse wollen wir hier näher eingehen, weil er uns interessante Hinweise auf das Rückversicherungswesen im 17. Jahrhundert vermittelt:

---

[40] Der Tatbestand und alle Daten dieses Prozesses sind von Boiteux (52 bis 54) übernommen.

[41] Vgl. über diese Versicherungskammer hinten § 10 I.

Durch zwei Policen, die am 18. und 21. Oktober 1672 unterzeichnet wurden, hatte La Roche das Schiff „Temple de Salomon" zu einer beträchtlichen Versicherungssumme für die Fahrt von Lissabon nach Venedig versichert. Einen Teil der Erstversicherungssumme rückversicherte La Roche, wie gewohnt, in Paris. Die Rückversicherungspolicen wurden am 28. Oktober und 12. November unterzeichnet. Zu jenem Zeitpunkt war der „Temple de Salomon" aber bereits von Seeräubern gekapert worden. Diese Nachricht traf am 13. Dezember in Venedig ein und wurde am 3. Januar La Roche übermittelt. Dieser zahlte sogleich die Versicherungssumme aus; hingegen weigerten sich die Pariser Rückversicherer, ihrerseits die Leistung der Rückversicherungssumme zu erbringen. Alle an diesem Rückversicherungsvertrag beteiligten Assekurateure einigten sich, ein Schiedsgericht zu bestellen, welches am 23. Februar 1674 die beiden Parteien anhörte.

Nach Aussage der Rückversicherer werde die Zahlung der Rückversicherungssumme erst dann erfolgen, wenn La Roche „justifications de la prise, du lieu et du jour" gegeben habe. Es handle sich bei der Rückversicherung um eine echte Versicherung und nicht um die Garantie einer Verpflichtung. Der Umstand allein, daß La Roche die Versicherungssumme bezahlt habe, genüge noch nicht, um die Fälligkeit der Rückversicherungssumme zu erklären. Die Rückversicherer spekulierten darauf, die Rückversicherungssumme auch dann nicht bezahlen zu müssen, wenn La Roche die verlangten Daten deklarieren würde. Sie hatten nämlich vernommen, daß das Schiff *vor* der Unterzeichnung des Rückversicherungsvertrages gekapert worden war. Sie wollten sich deshalb auf den „Guidon de la Mer" berufen, der eine Versicherung als nichtig erklärt, wenn der Versicherte im Moment der Unterzeichnung des Vertrages wußte oder hätte wissen können, daß das versicherte Gut Schaden erlitten hat. Es wird dabei die Fiktion aufgestellt, der Versicherte habe vom Schaden Kenntnis erhalten, wenn vom Unfallort bis zum Platz des Versicherungsabschlusses pro 1½ Meilen Distanz eine Stunde oder mehr verstrichen sei. Nach Ansicht der Rückversicherer habe diese Bestimmung auch für Rückversicherungen Geltung.

Der Guidon käme hier aber nur dann zur Anwendung, wenn dem Rückversicherungsvertrag das französische und nicht das venezianische Recht zugrunde läge. Das Recht von Venedig schützte La Roche. Es bestimmt, alle Versicherungen, die vor dem effektiven Eintreffen der

Unglücksnachricht abgeschlossen wurden, seien gültig. Poquelin, der Prozeßbevollmächtigte La Roches, berief sich daher in langen Ausführungen darauf, das Recht des Ortes der Erstversicherung sei maßgebend, weil sich der Erstversicherer daran zu halten habe.

Das Gericht unterstützte die Ansicht der Rückversicherer. Solange im Rückversicherungsvertrag nichts anderes erwähnt sei, komme das Recht des Ortes, an dem der Rückversicherungsvertrag abgeschlossen wurde, zur Anwendung. Der Rückversicherungsvertrag sei, so führt das Gericht weiter aus, ein autonomer Vertrag und zudem vom Erstversicherungsvertrag völlig unabhängig. La Roche wurde außerdem dazu verurteilt, innert sechs Monaten Auskunft über die näheren Umstände der Kaperung des Schiffes zu geben. Bis dahin sollte die Entschädigungssumme auf einer Kanzlei deponiert sein.

Den Schiedsrichtern wurde noch eine weitere Frage gestellt: Soll die Regelung gemäß Pariser Usancen nach drei Monaten oder nach venezianischem Brauch erst sechs Monate nach der Nachricht des Schadenseintrittes erfolgen? Den einheimischen Brauch beachtend, hatte La Roche nämlich die sechs Monate nicht abgewartet, sondern seinen Versicherten die Versicherungssumme mit Skontoabzügen sogleich bar ausbezahlt. Diese Tatsache wollten sich die Rückversicherer zunutze machen: Es sei ungerecht, daß La Roche von ihnen profitiere, indem er die gesamte Rückversicherungssumme erhalte, während er nicht die volle Erstversicherungssumme beglichen habe. Diese Streitfrage war übrigens schon einmal der Grund eines Prozesses, den La Roche am 14. Juni 1673 geführt hatte. Der Vertreter La Roches führte aus, es sei in Venedig, wo den Versicherern eine Frist von sechs Monaten zur Bezahlung der Versicherungssumme zur Verfügung stehe, üblich, bei sofortiger Barzahlung einen Skonto zu gewähren. Dieses Entgegenkommen der Versicherten betreffe eher ein Bankgeschäft als den Versicherungsvertrag. Den Rückversicherern stünde kein Recht zu, den Umstand, daß der Erstversicherer dank seiner Kulanz von seinen Versicherten Skonto erhalte, auszunutzen.

Poquelin schlug den Rückversicherern vor, die Rückversicherungssumme sogleich bar auszuzahlen. Dann werde auch ihnen ein Rabatt gewährt!

Das Schiedsgericht teilte auch bei dieser Frage die Ansicht der Rückversicherer. Diese hätten prozentual gleich viel von der Rückversicherungssumme zu bezahlen, wie der Erstversicherer von der Erstversicherungssumme bezahlt habe[42]. Das rückversicherte Interesse sei nicht das versicherte Schiff, sondern die Schadenersatzleistung des Erstversicherers. Der wirkliche Schaden sei für die Rückversicherung irrelevant.

Boiteux kommentiert dieses Schiedsgerichtsurteil mit folgenden Worten:
„Les arbitres parisiens, en dégageant ainsi très nettement la notion de réassurance de l'idée de mandat ou de fidéicommis dont elle était obscurcie, avaient en quelque sorte formulé la théorie moderne de la réassurance[43]."

IV. Folgerungen aus der Judikatur im Hinblick auf die Bedeutung der Rückversicherung

Die genannten Beispiele von Urteilen aus Rückversicherungsprozessen erlauben uns, ähnliche Schlußfolgerungen zu ziehen wie bei den Gesetzgebungen, welche die Reassekuranz erwähnen: Die Rückversicherung spielte im 17. und 18. Jahrhundert — trotz der Vormachtstellung der Mitversicherung — keine geringe Rolle. Der zitierte Entscheid vom 25. Mai 1633 über die Klausel „to pay, when the reinsurers shall have paid"[44], das Urteil vom Jahre 1694 über die Klausel „to sail in convoy"[45] und der Prozeß des Pierre de La Roche vom 23. Februar 1674[46] zeigen, daß die Assekurateure im 17. Jahrhundert dazu übergingen, die Rückversicherung zur mehr oder weniger planmäßigen Begrenzung ihrer Risiken zu gebrauchen. Besonders der Fall des La Roche ist aufschlußreich dafür, daß schon Erstversicherer des 17. Jahrhunderts daran dachten, die eigene Zeichnungskapazität durch planmäßige Rückversicherung eines Bruchteils der übernommenen Risiken zu erhöhen.

Die Richter der damaligen Zeit haben bei der Beurteilung dieser Fragen aus dem Rückversicherungsrecht ein großes Maß an Einsicht gezeigt. Ihre Urteile können als außerordentlich fortschrittlich bezeichnet werden, entscheidet doch die heutige Rückversicherungspraxis im großen und ganzen noch gleich.

---
[42] Der gegenteiligen Ansicht waren zwei Gerichte ein Jahrhundert später, am 17. Dezember 1748 und 28. April 1780. Vgl. vorne § 8 II 3.
[43] Boiteux 54.
[44] Vgl. vorne § 8 II 1.
[45] Vgl. vorne § 8 II 6.
[46] Vgl. vorne § 8 III.

Zweites Kapitel

Vom Rückversicherungsverbot in England bis zum Aufkommen selbständiger Rückversicherungsgesellschaften

§ 9 Das Verbot in England

I. Die Ursachen

Die Rückversicherung war in England bis zum Jahre 1746 gestattet[1]. Wie es zu ihrem Verbot kam, schildert am besten der zeitgenössische englische Versicherungsjurist *Park:*

> „Although such a contract seems perfectly fair and reasonable in itself, and might be productive of very benefical consequencies to those concerned in this important branch of trade; yet, like many other useful institutions, it was so much abused, and turned to purposes so pernicious to a commercial nation, and so destructive of those very benefit, it was originally intended to promote and encourage, that the legislature was at last obliged to interpose, and by a positive law to cut off all opportunity of practising those frauds in future, which were become thus glaring and enormous[2]."

Bei den Mißbräuchen, von denen Park spricht, handelt es sich um Prämiendifferenzgeschäfte[3], bei denen der Erstversicherer die Direktversicherung zu dem Zwecke abschließt, sie zu einer niedrigeren Prämie total rückversichern zu lassen. *Magens*[4], ein hervorragender deutscher Versicherungsfachmann, der zur Zeit des Verbotes in London lebte, spricht von Kaufleuten, die große Geschäfte machten, indem sie ihre Freunde auf dem Kontinent für sich zeichnen ließen, um in England Rückversicherungen zu niedrigeren Prämien abzuschließen.

---

[1] Park 419.
[2] Park 419.
[3] Vgl. über die Prämiendifferenzgeschäfte vorne § 6 II.
[4] Magens, Londoner Ausgabe I 95; vgl. auch Weskett/Engelbrecht II 82.

Das Verbot wurde von Georg II. 1746 in Statut 17, Kapitel 37 erlassen. Es trägt die Überschrift „An Act to regulate insurance on ships belonging to the subjects of Great Britain and on merchandises and effects laden there on". Der Abschnitt IV lautet:

> „And be it further enacted by the Authority aforesaid, That it shall not be lawful to make Re-assurance, unless the Assurer shall be Insolvent, become a Bankrupt or die; in either of which Cases such Assurer, his Executors, Administrators or Assigns, may make-Re-assurance, to the Amount of the Sum before by him assured, provided it shall be expressed in the Policy to be a Re-assurance[5]."

Die Rückversicherung wurde somit nur erlaubt, wenn der Erstversicherer insolvent oder bankrott wurde, oder wenn er starb.

Magens[6] stellt fest, daß von den drei die Rückversicherung erlaubenden Ausnahmen praktisch nur eine von Bedeutung war. Er glaubt, daß die Versicherten so rasch als möglich eine neue Versicherung abschlossen, wenn sie vernahmen, daß der Versicherer insolvent oder bankrott wurde. Sie hatten sonst zu befürchten, daß der Versicherungsfall vor Abschluß einer Rückversicherung durch den Erstversicherer oder dessen Erben erfolgen könnte. Selbst wenn der bankrotte Erstversicherer rechtzeitig eine Rückversicherung abgeschlossen hätte, fiele bei Eintritt des befürchteten Ereignisses die Rückversicherungssumme in die Konkursmasse, da ihr die Rückversicherungsprämie entnommen wurde[7]. Der Versicherte erhielte dann nur eine Konkursdividende für die Rückversicherungssumme[8]. Hat der Versicherte eine neue Versicherung abgeschlossen, so beschränkt sich sein Anspruch auf die der bezahlten Versicherungsprämie entsprechende Konkursdividende. Nach 1746 gab es daher in England praktisch nur noch Rückversicherungen, die nach dem Tode des Erstversicherers abgeschlossen wurden.

Magens wendet sich gegen das Verbot, weil es die Assekurateure hinderte, Rückversicherungen abzuschließen, wenn sie aus irgend-

---

[5] Englischer Originaltext bei Arnould 1077; Golding, History 30; Magens, Londoner Ausgabe I 94, II 342/43; deutsche Übersetzung bei Magens, Hamburger Ausgabe 1070/51, und Weskett/Engelbrecht II 82. (Die Texte weichen in der Orthographie etwas voneinander ab.)
[6] Magens, Londoner Ausgabe I 93/94; vgl. auch Weskett/Engelbrecht II 82.
[7] Vgl. vorne § 8 II 2.
[8] Vgl. Weskett/Engelbrecht II 82.

einem Grunde ihre Risiken nicht mehr tragen wollten. Er meint, selbst bei Assekurateuren in den besten Vermögensverhältnissen könne es vorkommen, daß sie das Versicherungsgewerbe aufgeben und die laufenden Assekuranzen rückversichern wollen[9].

II. Die Auswirkungen des Verbotes

Das Verbot galt für alle englischen Bürger und für alle englischen Schiffe[10]. Die Frage, ob es auch in den englischen Kolonien Geltung habe, wurde von den Gerichten verschieden beantwortet. *Golding*[11] zitiert verschiedene Entscheide: 1806 wurde von einem Gericht festgestellt, das Verbot habe in den englischen Kolonien keine Geltung[12]. Ein Urteil aus Maryland verbietet die Rückversicherung, weil das Dekret Georgs II. auch in Übersee gelte[13], während *Landousy*[14] schreibt, das Verbot sei auch in Massachusetts rechtskräftig gewesen. *Park*[15] berichtet, daß ein Rückversicherungsvertrag, bei dem die Erstversicherer und das Schiff französischer Herkunft waren, der Rückversicherer hingegen Engländer, für ungültig erklärt wurde. Der Supreme Court von New York entschied im Jahre 1837:

"Reinsurance in this State is a valid contract as well in cases of fire or marine policies... The risk assumed by the first assurers gives them such an insurable interest as renders the assurance a valid contract[16]".

Als wichtige Folge des Verbotes konnten nach 1746 die Lloyd's Versicherer ihren großen Aufschwung nehmen[17].

War die Rückversicherung illegal, blieb zur Risikoteilung nur noch die Mitversicherung übrig. Da die Lloyd's auf dem System der Mitversicherung aufgebaut sind, konnten sie in Konkurrenz mit den Versicherungsgesellschaften aus dem Verbot große Vorteile ziehen. Die

---

[9] Magens, Londoner Ausgabe I 95.
[10] Vgl. die Überschrift des Verbotes vorne in § 9 I.
[11] Golding, History 30 ff.
[12] Golding, History 30.
[13] Golding, History 30.
[14] Landousy 109.
[15] Park 422.
[16] Golding, History 33.
[17] Le Blanc 137; Sack 74. Über die Lloyd's Versicherer vgl. die Werke von Funk, Golding/King-Page und Wright/Fayle.

Versicherungsgesellschaften waren ohne die Rückversicherung nicht in der Lage, große, ihre Kapazität übersteigende Risiken zu zeichnen. Den Agenten der Lloyd's Organisation war es jedoch möglich, Risiken in jeder Höhe zu übernehmen, konnten sie sie doch innert kürzester Frist unter ihre zahlreichen Mitglieder verteilen.

Ein Beweis der großen Bedeutung, welche die Rückversicherung bereits bis zum Erlaß des Dekretes von 1746 in England erreicht hatte, liegt darin, daß sich das Verbot nicht völlig durchzusetzen vermochte. So berichtet z. B. *Benecke*[18], Rückversicherungen seien zur Zeit des Verbotes in England nicht ungewöhnlich gewesen. Die Einhaltung des Vertrages habe allein vom guten Willen der Rückversicherer abgehangen.

Erst am 25. Juli 1864, unter Königin Viktoria, wurde das Verbot durch die Statuten 27 und 28, Kapitel 56, Sektion 1, aufgehoben[19]. Die Vormachtstellung der Lloyd's Versicherer auf dem Versicherungsmarkt ging infolge der Wiedereinführung der Rückversicherung verloren. In den Jahren nach der Aufhebung des Verbotes machte die Organisation sogar eine Krise durch[20].

§ 10 Das Aufkommen von Versicherungsaktiengesellschaften[1]

I. Die ältesten Versicherungsgesellschaften

Bis zum 18. Jahrhundert wurde die Erwerbsversicherung ausschließlich von Einzelversicherern betrieben. Nachdem die Aktiengesellschaft im Handelsrecht aufgekommen war[2], dauerte es aber nicht lange, bis diese neue Gesellschaftsform auch im Versicherungs-

---

[18] Benecke V 49; vgl. auch Wright/Fayle 16.
[19] Golding 32; Sack 74, Anm. 127.
[20] Hollitscher 20/21.

[1] In der gleichen Epoche wurden neben zahlreichen Versicherungsaktiengesellschaften auch viele Versicherungsanstalten auf Gegenseitigkeit und staatliche Versicherungskassen gegründet. Die Rückversicherung kam aber bei den mutuellen Versicherungsanstalten solange nicht zur Anwendung, als sie im primitiven Umlageverfahren — unter Mißachtung der Art der Risiken — den Gesamtschaden unter die Versicherungsnehmer verteilte. (Vgl. Sack 104.) Auch die staatlichen Unternehmungen konnten dank der Haftung des Staates auf den Abschluß von Rückversicherungen verzichten. Aus diesem Grunde sehen wir auch weiterhin

wesen Eingang fand. Die Aktiengesellschaften ermöglichten es, die Feuerversicherung endlich auch als Erwerbsversicherung zu betreiben. Bisher fand man sie nur bei den mutuellen Brandkassen oder bei staatlichen Feuerversicherungsanstalten[3]. Die Einzelversicherer zogen die Seeversicherung vor. Ihr Vorteil war die Möglichkeit, an den Seeversicherungsbörsen der großen Hafenplätze auch die umfangreichsten Risiken rasch auf zahlreiche Schultern zu verteilen. Da die Aktiengesellschaften viel größere Risiken entgegennehmen konnten als die Einzelversicherer, war es ihnen eher möglich, Feuerversicherungen abzuschließen. Dazu kam noch, daß sich die Versicherten bei den Gesellschaften besser geschützt fühlten, war doch der Versicherungsvertrag nicht mehr vom Schicksal oder von der Lebensdauer eines einzelnen Menschen abhängig. Dies spielt bei der Feuerversicherung eine wesentliche Rolle, weil die Vertragsdauer normalerweise länger ist als bei der Transportversicherung.

Bereits 1628 wurde in Amsterdam der erste Entwurf zur Gründung einer Versicherungsgesellschaft ausgearbeitet. Dieser Versuch scheiterte, so daß 1634 ein neuer Plan entworfen wurde. Wegen der ungünstigen politischen Situation — Europa befand sich in den Wirren des Dreißigjährigen Krieges — war es noch nicht möglich, diese fortschrittlichen Ideen zu verwirklichen[4].

1668 wurde in Paris eine Assekuranzkammer errichtet, in der sich eine große Zahl von Assekurateuren zusammenschloß. Aus dieser Organisation entstand 1686 die „Compagnie générale pour les assurances et grosses aventures de France en la Ville de Paris". Diese erste Versicherungsaktiengesellschaft erhielt durch ein Edikt das Privileg, in Paris Versicherungen abzuschließen und im gan-

---

von der Behandlung der Versicherungen auf Gegenseitigkeit und der staatlichen Zwangsversicherungsanstalten ab (vgl. vorne § 3 I 1 und 2). Bei den Gesellschaftsgründungen interessieren uns somit lediglich die Unternehmungen, welche die Assekuranz zum Zwecke des Profits betreiben, und das sind immer Aktiengesellschaften.

[2] Über die Gründung der ersten Aktiengesellschaften vgl. Sée 64 ff., 73 ff.

[3] Über die Anfänge der Feuerversicherung vgl. u. a. Bluntschli/Brater XI 37 ff.; Boenigk 3 ff.; Brämer bei Frankenstein 234 ff.; Dorn 968 ff.; R. Ehrenberg ZVW 2, 35 ff.; Manes II 80 ff.; Riebesell 7 ff.; ders., Lexikon 547 ff.; Sack 96 ff.; Schmitt-Lermann 40; Tesdorpf 184 ff.

[4] Es ist unzutreffend, wenn Chaufton (I 351) und Séris (7) behaupten, es habe schon 1629 in Holland eine Assekuranz-Kompanie gegeben.

zen Lande Agenturen zu errichten. Leider konnte sich die Gesellschaft nicht durchsetzen und mußte aufgelöst werden[5]. Erst 1750 entstand in Frankreich wieder eine Versicherungsgesellschaft, die „Compagnie d'Assurance Maritime". Sie wurde 1753 in „Compagnie d'Assurances Générales" umbenannt, weil sie ihre Geschäfte auch auf die Feuerversicherung ausdehnte. 1788 folgte die „Compagnie Royale", welche sich mit der Feuer- und Lebensversicherung befaßte. 1793 mußten jedoch alle französischen Gesellschaften — als Folge eines Verbotes durch die Revolutionsregierung — ihre Pforten schließen. Erst nach dem Sturz Napoleons konnten in Frankreich wieder Versicherungsgesellschaften eröffnet werden[6].

In England dachte man nach dem Brand von London im Jahre 1666 an die Gründung von Versicherungsgesellschaften[7]. Die ersten Anstalten waren jedoch alle auf dem Prinzip der Gegenseitigkeit aufgebaut. Erst 1710 entstand die erste englische Versicherungsaktiengesellschaft, die „Sun Fire Office". Sie kann als die erste lebensfähige Assekuranzgesellschaft bezeichnet werden, welche die Erwerbsversicherung gegen feste Prämie betrieb. 1720 folgten die „London Assurance Company" und die „Royal Exchange Corporation", beide mit Monopolrechten zur Ausübung der Transportversicherung ausgestattet.

Im gleichen Jahre wurde in Holland die erste Versicherungsgesellschaft gegründet, der 1770 eine zweite folgte[8].

Im Norden Europas erfolgte 1726 in Kopenhagen die Gründung der ersten dänischen Gesellschaft. Die älteste schwedische Aktiengesellschaft wurde 1739 in Stockholm eröffnet[9].

Die älteste italienische Gesellschaft entstand 1741 in Genua, existierte aber nur ein Jahr[10].

Die ersten deutschen Versicherungsaktiengesellschaften konnten nach großen Bemühungen 1765 in Hamburg und Berlin gegründet werden. Sie befaßten sich mit der See- und Feuerversicherung[11].

---

[5] Vgl. Richard 14.
[6] Über die Neugründungen in Frankreich nach Napoleon vgl. Chaufton I 357 ff., 413 ff.; Richard 37 ff.
[7] Vgl. Schmitt-Lermann 40.
[8] Kracht 57 ff.
[9] Manes HWS VIII 276.
[10] Sack 77.
[11] Mahr 53/54; Plass 156 ff.

Unterdessen waren die technischen Grundlagen zur Erforschung der Sterblichkeit so gut ausgebaut, daß die Gründung der ersten Lebensversicherungsgesellschaften erfolgen konnte[12], 1762 in England diejenige der ältesten Gesellschaft, „The Equitable Society for the Assurance of Lives and Survivorship". In Deutschland wurde die Lebensversicherung zum erstenmal von der Gothaer Lebensversicherungsbank (1727) betrieben. Es war aber keine Erwerbsgesellschaft, sondern eine Gesellschaft auf Gegenseitigkeit. Kurze Zeit darauf folgten Lebensversicherungsaktiengesellschaften in Lübeck, Leipzig und Hannover.

Mit diesen ersten Gesellschaftsgründungen war das Startzeichen gegeben; überall entstanden Versicherungsgesellschaften. Mußten auch viele Anstalten ihre Tore wieder schließen und suchten zahlreiche Krisen die einzelnen Gesellschaften heim, so war doch die Vormachtstellung der Einzelversicherer gebrochen. Mit Ausnahme der Lloyd's Versicherer[13] vermochten sich die Einzelversicherer nur noch an den großen Seeversicherungsbörsen zu halten.

Vergleicht man die Entwicklung der Gesellschaftsgründungen in England mit derjenigen auf dem Kontinent, so stellt man fest, daß in Deutschland und Frankreich die staatlichen Zwangsversicherungsanstalten überwogen, während in England eine Gesellschaft nach der anderen durch private Initiative entstand. *Halpérin* charakterisiert dies vortrefflich:

„En Allemagne, comme en France, l'impulsion vient d'en haut; en Angleterre, très généralement, d'en bas. Là, la force, la soli-

---

[12] Über die Anfänge der Lebensversicherung und der Lebensversicherungstechnik vgl. Bensa, Contratto 128 ff.; Bluntschli/Brater XI 42 ff.; Brämer bei Frankenstein 76 ff.; Braun, Urkunden; ders., Geschichte; Büchner 5/6, 9 ff.; R. Ehrenberg ZVW 2 123 ff.; Ehrenzweig, AssJahrb 4, 1 ff., 14 III 15 ff.; Goldschmidt, Handelsrecht 382; Grosse 6 ff.; Halpérin 63 ff.; Hémard 160 ff.; Krüger 1 ff.; Manes III 3 ff.; Mittermüller HWS IV 273/74 ff.; Moldenhauer I 27 ff.; Rosin 31 ff.; Schmitt-Lermann 57 ff.; Schreiegg 40 ff., 45 ff.; Tesdorpf 186 ff.

[13] Für die Entwicklung der Rückversicherung sind die Lloyd's Versicherer ohne Bedeutung, weil sie dank dem System der Mitversicherung auch die größten Risiken unter ihre zahlreichen Mitglieder verteilen können, so daß kein Bedürfnis nach Rückversicherung entsteht. Die Lloyd's Versicherer treten deshalb nur als Rückversicherer, nicht aber als Rückversicherungsnehmer auf. Vgl. die Arbeiten von Funk, Golding/King-Page und Wright/Fayle, welche einen ausgezeichneten Überblick über die Lloyd's Organisation geben.

darité mutuelle coercitive; ici, la libre initiative des particuliers et la lente élaboration d'une précieuse technique[14]".

II. Die Auswirkungen des fortschreitenden Kapitalismus und der Gesellschaftsgründungen auf die Rückversicherung

Bereits in den frühesten Anfängen ihrer Entwicklung war das Versicherungswesen eng mit der Entfaltung des Kapitalismus verbunden. *Halpérin* weist immer wieder auf diese Tatsache hin:

„Nous ne voulons que souligner, une fois de plus, que le capitalisme moderne a suivi le même mouvement que les assurances, même si celles-ci n'en ont pas été l'unique facteur. Nous allons jusqu'à dire qu'il serait peut-être possible de faire l'histoire de ce capitalisme sur la trame tissée par l'histoire des assurances[15]."

Der fortschreitende Kapitalismus vermochte auch die Geschichte der Rückversicherung zu beeinflussen. Eines seiner für die Entwicklung der Rückversicherung bedeutsamen Merkmale wird von *Pirenne*[16] trefflich umschrieben:

„... toute classe capitaliste est animée au début d'un esprit nettement progressiste et novateur, mais qu'elle devient conservatrice à mesure que son activité se régularise."

Van der Haegen[17] hebt dazu hervor, daß die Versicherungsunternehmer und -unternehmergruppen bei fortschreitendem Kapitalismus immer weniger Wagemut zeigten und daher intensiver dazu neigten, ihre erreichte Stellung zu festigen, das bisher Erworbene zu sichern und durch Rückdeckung ihres Versicherungsbestandes für die Zukunft zu sorgen. Dies traf weniger für die neu gegründeten Gesellschaften als für die Einzelassekurateure an den immer noch bestehenden Seeversicherungsbörsen zu.

Erst als Folge der Gründung von Kapitalgesellschaften entstand die Feuerrückversicherung. Zur Zeit der Einzelversicherer konzentrierte sich die Rückversicherung auf die Seerisiken. Bei der Feuerversicherung war der Abschluß von Rückversicherungen unbekannt.

---

[14] Halpérin 59.
[15] Halpérin 46.
[16] Pirenne 44.
[17] Van der Haegen 31.

„Da die Feuerversicherung zunächst in der Form von Unterstützungsgemeinschaften und Gilden ausgeübt wurde", schreiben *Thorin/Schloemer*[18], „wird es verständlich, daß diese Betätigungsformen für sich keine Veranlassung sahen, ihre den Mitgliedern gegenüber übernommenen gemeinnützigen, mildtätigen Verpflichtungen mit andern dadurch zu teilen, daß sie einen Teil ihrer Aufgabe von sich abwälzten. Der versicherungstechnische Begriff des Risikos war ihnen unbekannt[19]."

Als mit dem Entstehen von Versicherungsaktiengesellschaften zum ersten Male Feuerrisiken gegen feste Prämien versichert wurden, ohne daß dabei Nachschußzahlungen erhoben werden konnten, mußten die Gesellschaften darauf bedacht sein, keine zu großen oder räumlich konzentrierten Risiken auf eigene Rechnung zu behalten. Bei der hier notwendigen Risikobegrenzung konnte die junge Feuererwerbsversicherung viel von der Seeversicherung lernen. Eine Risikoteilung durch Mitversicherung ist wegen der fehlenden Feuerversicherungsbörse für die Feuerversicherung äußerst schwerfällig, so daß sich eine Risikobegrenzung durch Rückversicherung aufdrängt.

Eine weitere Auswirkung der neu entstandenen Versicherungsaktiengesellschaften war die Ablösung der bis dahin das Versicherungswesen beherrschenden Spekulation durch Planung auf lange Sicht. Die anonymen Gesellschaften bezwecken keinen riesigen Gewinn auf spekulativer Grundlage, sondern ein möglichst andauerndes, ausgeglichenes Geschäftsergebnis. Sie erkannten bald, wie ungünstig es auf lange Sicht ist, die verschiedensten Risiken wie bisher nebeneinander zu versichern. Diese Erkenntnis führte zur Einteilung der Risiken in verschiedene Kategorien und zu einer generellen Festsetzung des Selbstbehaltes. Die Folge war ein vermehrtes Bedürfnis nach Rückversicherung, das in der ersten Hälfte des 19. Jahrhunderts zur Entstehung der laufenden Rückversicherung führte.

Der fortschreitende Kapitalismus brachte ferner ein starkes Anwachsen der Sachwerte. Die Versicherungssummen überstiegen immer mehr die Kapazität der einzelnen Gesellschaften, wodurch eine vermehrte Nachfrage nach Rückdeckung entstand.

Der Konkurrenzkampf zwischen den einzelnen Versicherungsgesellschaften war — solange jegliche Koordination zwischen ihnen fehlte —

---
[18] Thorin/Schloemer 36/37.
[19] Vgl. auch vorne § 3 1.

für das System der Mitversicherung hemmend. Die Gesellschaften warben um die Gunst der Versicherungsnehmer und kamen ihnen entgegen, indem sie nicht nur Bruchstücke von Risiken, sondern gesamte Risiken zeichneten. Damit war der Zeitpunkt gekommen, in dem es der Rückversicherung endlich gelingen sollte, die Vormachtstellung der Mitversicherung zu brechen.

Zusammenfassend können wir feststellen, daß erst der Hochkapitalismus das für die volle Entfaltung der Rückversicherung nötige Klima schuf.

III. Die ersten Rückversicherungen zwischen direkten Versicherungsgesellschaften

In den ersten Jahrzehnten nach ihrer Gründung schlossen die ältesten Versicherungsaktiengesellschaften ausschließlich von Fall zu Fall Rückversicherungen ab, wobei für jede Spezialversicherung eine besondere Police[20] verwendet wurde.

Golding nennt verschiedene Beispiele: Die Versicherungsgesellschaft von Rotterdam ließ in ihrem Gründungsjahr 1720 vier Schiffsrisiken für Reisen nach Westindien zu einer Prämie von 1½ % rückversichern[21]. Die „Royal Chartered Marine Company" schloß seit 1742 vereinzelte Rückversicherungen ab. So wurden z. B. 1780 zwei Schiffe, welche für die Route von St. Thoma nach Westindien versichert waren, zu einer die Originalprämie übersteigenden Rückversicherungsprämie in Hamburg rückversichert. Der Grund für den Abschluß dieser Rückversicherung lag darin, daß die Ankunft der Schiffe lange Zeit nicht gemeldet wurde[22].

Eine Ausnahme bildeten die Totalrückversicherungen ganzer Versicherungs-Portefeuilles, wenn eine Gesellschaft ihre Geschäfte aufgeben oder sich auf einen bestimmten Versicherungszweig spezialisieren wollte. So erhielt z. B. 1813 die „Eagle Fire Insurance Company of New York" den Versicherungsbestand der „Union Insurance Company", und die „Aetna Insurance Company of Hartford" übernahm 1819 die laufenden Risiken der „Middletown Fire Insurance"[23].

---

[20] Vgl. den Abdruck einer Spezialrückversicherungspolice bei Golding, History, Appendix „E".
[21] Golding, History 27/28.
[22] Golding, History 34.
[23] Golding, History 40 ff.

§ 11 Das Aufkommen von laufenden Rückversicherungsverträgen

I. Die Entstehung der laufenden Rückversicherungsverträge

Die ersten Versicherungsgesellschaften hatten mit der Rückversicherung gute Erfahrungen gemacht. Der Rückversicherungsbedarf wuchs immer mehr, so daß es nicht leicht war, in genügendem Maße solide Rückdeckung zu finden[1]. Oft dauerte es lange, bis die Risiken nach zeitraubender Korrespondenz rückversichert werden konnten. In der Zwischenzeit mußte der Erstversicherer die häufig seine Kapazität stark übersteigenden Risiken allein tragen. Die Erstversicherungsgesellschaften waren daher bestrebt, ihre Geschäftsbeziehungen mit den rückversichernden Gesellschaften möglichst eng zu gestalten. Man suchte Verträge abzuschließen, bei denen nicht bloß ein einzelnes Risiko, sondern eine unbegrenzte Zahl von Versicherungen zum voraus rückversichert wurde. So entstanden die ersten laufenden Rückversicherungsverträge, die es den Erstversicherern ermöglichten, die Risiken schon mit Wirkung auf den Zeitpunkt des Abschlusses der Direktversicherung rückversichern zu lassen.

Die laufenden Verträge brachten noch weitere Vorteile: Die Rückversicherungspolicen, die früher für jede Spezialrückversicherung nötig waren, wurden durch Bordereaux ersetzt, in denen die zedierende Gesellschaft dem Rückversicherer sämtliche Daten über das versicherte Risiko übermittelte. Dadurch vereinfachte sich der Verkehr zwischen den Gesellschaften.

Mit dem Aufkommen der laufenden Verträge wuchsen die in Rückdeckung gegebenen Versicherungssummen stark an. 1829, als noch ausschließlich Spezialrückversicherungen abgeschlossen wurden, betrug bei der Württembergischen Feuerversicherungs-Gesellschaft die Rückversicherungsprämie nur 2,1 % der Gesamtprämie; 1836, als der laufende Rückversicherungsvertrag mit der Elberfelder Gesellschaft schon sieben Jahre in Kraft stand[2], nahm die Rückversicherungsprämie 6 % der Gesamtprämie[3] ein.

---

[1] Vgl. „75 Jahre Colonia" 36.
[2] Vgl. hinten § 11 V.
[3] Vgl. „125 Jahre Württembergische Feuerversicherung" 20.

II. Die Vertragspartner

Wie *Sack*[4] an Hand von Beispielen nachweist, glaubten die neu gegründeten Gesellschaften in den ersten Jahren ihres Bestehens nur in vereinzelten Fällen, es verantworten zu dürfen, selbst Rückversicherungen zu gewähren. Erst wenn sie sich als genügend finanzkräftig betrachteten, traten sie selbst aktiv als Rückversicherer auf. Daher finden wir als Rückversicherer in der Regel bedeutendere und ältere Gesellschaften.

Für den Abschluß von laufenden Verträgen bevorzugten die Zedenten meistens jene Gesellschaften, mit denen sie schon früher eine Reihe von Spezialrückversicherungen abgeschlossen hatten und zu denen sie bereits in einem Vertrauensverhältnis standen. Das hatte zudem den Vorteil, daß der laufende Vertrag oft auch für die vorher abgeschlossenen Spezialrückversicherungen als gültig erklärt wurde[5].

Die zedierenden Gesellschaften zogen Rückversicherer mit einem Geschäftsgebiet in anderen Landesteilen oder ausländische Gesellschaften vor. Dadurch sollten Kumulierungen der Risiken vermieden und der Versicherungsbestand auf ein größeres Gebiet verteilt werden. Außerdem boten auswärtige Vertragspartner Gewähr dafür, die aus den Rückversicherungsverträgen erworbenen Kenntnisse über den Versicherungsbestand des Zedenten nicht im Konkurrenzkampf auszunützen.

III. Die Art der Risiken

Die ersten laufenden Rückversicherungsverträge[6] beschränkten sich auf die *Feuerversicherung*. Bei der Seeversicherung drängten sich laufende Verträge weniger auf, weil an den Hafenplätzen die Mitversicherung immer noch dominierte. Die Makler und die Versicherungsbörsen ermöglichen es, auch größte Seerisiken rasch unter die Versicherungsgesellschaften und Einzelassekurateure zu verteilen.

Der älteste uns überlieferte laufende Rückversicherungsvertrag, der ein *Seerisiko* betrifft, ist 1843 — über 20 Jahre nach dem frühesten

---

[4] Sack 114/15.

[5] Vgl. z. B. hinten im § 11 V. den § 6 des Vertrages vom 8. Juli 1829 zwischen der Württembergischen Feuerversicherungs-Gesellschaft und der Vaterländischen Feuerversicherungs-Gesellschaft in Elberfeld.

[6] Vgl. Den ersten laufenden Feuerrückversicherungsvertrag, der überliefert wurde, hinten in § 11 V.

überlieferten Feuerrückversicherungsvertrag — abgeschlossen worden. Es handelt sich dabei um Schiffs-Kasko-Risiken, welche in einem reziproken Summenexzedentenvertrag zwischen der „Assecurazioni Generali" in Venedig und der „Riunione Adriatica" rückversichert wurden[7].

Um 1844 kamen in England die ersten *Lebensrückversicherungen* auf[8]. Sie wurden in der Regel nicht in laufenden Verträgen, sondern auf beiderseitig fakultativer Basis geschlossen. Zedent und Rückversicherer wollten sich nur ungern binden, um bei der Bewertung der verschiedenartigen Lebensrisiken frei zu bleiben.

Die erste *Hagelrückversicherung* stammt aus dem Jahre 1854. Sie wurde zwischen der in diesem Jahre gegründeten Magdeburger Hagel-Versicherungs-Gesellschaft und der „Riunione Adriatica" abgeschlossen[9].

Die älteste *Unfallrückversicherung* kam erst viel später zum Abschluß. *Le Blanc* schreibt den ersten Vertrag dem Jahre 1888 zu[10].

IV. Die Vertragstypen

Vom Moment an, in dem sich eine junge Versicherungsgesellschaft für stark genug hielt, selbst aktiv als Rückversicherer aufzutreten, bemühte sie sich darum, den durch die abgegebenen Risiken entstandenen Ausfall auszugleichen. Sie trachtete danach, als Entgelt für die Zession ihrer Risikoteile vertragsgemäßen Anspruch auf gleichwertige Risikoteile ihres Vertragspartners zu erhalten. So entstanden *reziproke Verträge*, bei denen sich direktzeichnende Versicherungsgesellschaften gegenseitig rückversicherten[11, 12].

---

[7] Golding, History 78/79, 141.

[8] Golding, History 53/54; Thompson 35. Es dürfte kaum zutreffen, daß die erste Lebensrückversicherung erst 1884 abgeschlossen wurde, wie Quintana [The Review 85 (1954) 1214] annimmt.

[9] Golding, History 80; Hollitscher 39, Anm. 102.

[10] Le Blanc 139.

[11] Über die Reziprozität vgl. Hangartner 147 ff.; Vukailovic 107 ff.

[12] Es trifft nicht zu, wenn Hollitscher (74, Anm. 177, übernommen von Hangartner 147) die Ansicht vertritt, die ältesten Rückversicherungsabschlüsse seien reziproker Natur gewesen. Die Reziprozität entstand erst mit der Gründung von Erwerbsversicherungsgesellschaften. Es sind keine reziproken Verträge von Assekurateuren aus der Frühzeit der Rückversicherung bekannt.

Die ältesten laufenden Rückversicherungsverträge waren in der Regel *Summenexzedentenverträge*[13]. Beispiele von *Quoten-* und *Quotenexzedentenverträgen* sind seltener. In der Festschrift zum 75jährigen Jubiläum der Kölnischen Feuer-Versicherungs-Gesellschaft Colonia finden wir einen Hinweis, daß diese Gesellschaft in der ersten Hälfte des 19. Jahrhunderts neben den Exzedentenverträgen auch Quoten- und eventuell Quotenexzedentenverträge kannte: Nachdem die Colonia schon in ihrem Gründungsjahr 1839 einen Rückversicherungsvertrag mit der Vaterländischen Feuer-Versicherungs-Gesellschaft in Elberfeld abgeschlossen hatte[14], kam im folgenden Jahr ein Rückversicherungsvertrag mit der „Compagnie Générale" in Brüssel zustande. Nach dem Abschluß dieses Vertrages erließ die Colonia ein Rundschreiben an ihre Agenten, in welchem sie diese über die im Vertrage mit der belgischen Gesellschaft getroffenen Vereinbarungen orientierte. In diesem Rundschreiben vom 31. Juli 1840 heißt es:[15]

„Wir rückversichern die Hälfte einer jeden Police, deren Totalsumme
Thlr. 25 000,— bei Risikos von 4 $^0/_{00}$ und darunter,
„ 20 000,— „ „ „ mehr als 4 $^0/_{00}$ oder weniger als 8 $^0/_{00}$,
„ 15 000,— „ „ „ 8 $^0/_{00}$ und mehr
übersteigt, und behalten für unsere Rechnung selten oder nie mehr als:
Thlr. 50 000,— bei einer Prämie bis inkl. 1 $^0/_{00}$
„ 40 000,— „ „ „ „ „ 1 $\tfrac{3}{4}$ $^0/_{00}$
„ 30 000,— „ „ „ „ „ 2 $\tfrac{3}{4}$ $^0/_{00}$
„ 25 000,— „ „ „ „ „ 4 $^0/_{00}$
„ 20 000,— „ „ „ „ „ 8 $^0/_{00}$
„ 15 000,— „ „ „ „ „ 10 $^0/_{00}$
„ 10 000,— „ „ „ höher als 10 $^0/_{00}$."

Dieser vorsorgliche Rückversicherungsschutz kam der Colonia besonders beim Brand von Hamburg im Jahre 1842 zugute.

Schadenrückversicherungsverträge waren in der ersten Hälfte des letzten Jahrhunderts noch unbekannt.

V. Beispiele von den ersten laufenden Rückversicherungsverträgen

Der älteste uns bekannte laufende Rückversicherungsvertrag wurde im Jahre 1821 zwischen der „Compagnie Royale d'assurance contre

---

[13] Vgl. die Beispiele der Summenexcedentenverträge hinten in § 11 V.
[14] „75 Jahre Colonia" 31.
[15] „75 Jahre Colonia" 36/37.

l'incendie"[16] und der „Compagnie des Propriétaires Réunis" in Brüssel abgeschlossen[17, 18]. Die Royale errichtete 1820 in den Niederlanden — welche zu dieser Zeit unter dem Szepter Wilhelms I. von Oranien Holland und Belgien umfaßten — fünf Agenturen. Die Gesellschaft rechnete damit, die Erlaubnis, in diesem Lande Versicherungen abzuschließen, rasch zu bekommen. Es gelang jedoch den niederländischen Gesellschaften, bei der Regierung durchzusetzen, daß die Royale sich in den Niederlanden nicht betätigen durfte. Die voreilig abgeschlossenen Versicherungen mußten von einer niederländischen Gesellschaft rückversichert werden. Daraus entstand der Vertrag von 1821.

Die ersten zwölf Artikel galten der Totalrückversicherung aller von der Royale in den Niederlanden abgeschlossenen Versicherungen: Die Versicherungssummen unter ffrs. 200 000,— wurden bei der belgischen Gesellschaft rückversichert. Die ffrs. 200 000,— übersteigenden Risiken wurden bis zu diesem Betrage rückversichert; der Exzedent verblieb der Royale. Es liegt ein umgekehrter Exzedentenvertrag vor: Normalerweise wird der den Selbstbehalt des Zedenten übersteigende Betrag an den Rückversicherer abgegeben, hier wird der den Selbstbehalt des Rückversicherers übersteigende Exzedent vom Zedenten behalten.

In den ersten zwölf Artikeln werden außerdem noch administrative Fragen geregelt. Vom Artikel 12 an behandelt der Vertrag die Rückversicherung der von beiden Gesellschaften im eigenen Land abgeschlossenen Versicherungen. Der Art. 12 lautet:

„Les deux Compagnies se réassurent en outre et prennent mutuellement à leurs risques et périls leurs trop pleins actuels et futurs tant sur les assurances souscrites ou à souscrire en France par la Cie Royale que sur celles qui seront souscrites par la Cie des Propriétaires Réunis dans le Royaume des Pays-Bas les colonies exceptées."

Es handelt sich hier um einen reziproken Rückversicherungsvertrag, bei dem jede der beiden Gesellschaften die Exzedenten der im eigenen

---

[16] Heute „La Nationale Compagnie d'Assurances".

[17] Vertragstext bei Golding, History, Appendix „G"; vgl. ferner dens. 60 ff.; La Réassurance 33 (1950) 260 ff.; Vukailovic 19 ff.

[18] Damit wird die Ansicht Feers (Treaty 25) und Sturms (73) widerlegt, der erste obligatorische Rückversicherungsvertrag stamme aus dem Jahre 1825. Ebenso ist es ungenau, wenn Riebesell (Lexikon 549) schreibt, die Feuerrückversicherung habe sich erst nach dem Hamburger Brand von 1842 entwickelt.

Lande abgeschlossenen Assekuranzen bei der anderen Gesellschaft rückversichern ließ. Der Selbstbehalt der „Compagnie Royale" betrug für normale Risiken ffrs. 400 000,— und für gefährliche Risiken ffrs. 300 000,—. Zu den letzteren gehören alle Versicherungen mit einer 2 $^0/_{00}$ übersteigenden Prämie. Die Propriétaires Réunis setzten ihren Selbstbehalt auf ffrs. 200 000,— fest.

Die maximal rückzuversichernde Summe war auf den Selbstbehalt des Zedenten beschränkt. Die belgische Gesellschaft reservierte sich aber das Recht, ihre Limiten auf ffrs. 500 000,— für gefährliche und auf ffrs. 600 000,— für normale Risiken zu erhöhen.

Interessant ist der Art. 20 des Vertrages:
„Si le montant des primes des trop pleins de chaque compagnie ne se balance point, la compagnie qui aura produit les moindres résultats pourra, si elle le préfère, compenser les différences de ses propres assurances, mais elle sera tenue d'y conserver un intérêt de moitié au moins."

Damit erhoffte man, eine möglichst ausgeglichene Reziprozität zu erhalten.

Im Vertrag wird nichts über Reservebildungen für Katastrophen erwähnt. Beiden Gesellschaften ist in dieser Beziehung freie Hand gelassen.

Die beiden Vertragspartner vereinbarten, sich an denselben Tarif zu halten. Der Rückversicherer hatte somit das Recht, alle vom Tarif abweichenden Verträge zurückzuweisen.

Eine Provision oder Gewinnbeteiligung wurde in diesem Vertrag nicht festgelegt.

Es erfolgte ferner die Behandlung verschiedener administrativer Fragen. Die gegenseitige Benachrichtigung über die abgeschlossenen Risiken war sehr umständlich geregelt. Täglich mußten der anderen Gesellschaft die neu übernommenen Risiken mitgeteilt werden. Zudem wurden am Ende des Monats alle Abschlüsse auf einem Bordereau, welches als Grundlage einer auszustellenden Police diente, aufgeführt. „Que de papiers et quel luxe de signatures!" bemerkt „La Réassurance" dazu[19].

Dieser Vertrag kann als für die damalige Zeit besonders fortschrittlich bezeichnet werden, und *Golding*[20] übertreibt nicht, wenn er schreibt:

---

[19] La Réassurance 33 (1950) 262.
[20] Golding, History 62.

„If it were indeed the pioneer treaty, we can but admire the genuity with which it was drawn up, seeing that its essential clauses would scarcely be out of place in a twentieth century contract."

Der älteste noch vorhandene Vertrag, an dem eine englische Versicherung beteiligt war, kam 1824 zwischen der „Imperial" von London und der „Compagnie Royale" zum Abschluß[21]. Es wurde kein formeller Vertrag unterzeichnet. Die Regelung aller Vertragspunkte erfolgte im Briefwechsel zwischen den beiden Gesellschaften. In einem Schreiben der französischen Versicherungsanstalt vom 29. Juli 1824 heißt es wörtlich:

„Le Conseil considérant que les conventions qui lient les deux Compagnies se trouvent suffisamment par leur correspondance. Que d'ailleurs la bonne foi de la Compagnie de Londres ne permet point de supposer de sa part aucune infraction aux conventions conclues entre les Compagnies[22]."

Golding[23] bewundert mit Recht das gegenseitige Vertrauen der beiden Gesellschaften, vor allem, wenn man bedenkt, daß seit der Schlacht von Waterloo erst neun Jahre verflossen waren. Dies ist ein Kennzeichen für die hohe Integrität des Rückversicherungswesens. Das Vertrauen der Gesellschaften wurde nicht enttäuscht; der Vertrag war — von unwesentlichen Änderungen abgesehen — noch über hundert Jahre später in Kraft.

Als Beispiel für einen der ältesten deutschen laufenden Rückversicherungsverträge sei ein Vertrag in extenso wiedergegeben. Es handelt sich dabei um eine Rückversicherung, welche die Württembergische Privat-Feuer-Versicherungs-Gesellschaft am 8. Juli 1829 mit der Vaterländischen Feuer-Versicherungs-Gesellschaft in Elberfeld abschloß[24]. Dieser Vertrag kam nach ergebnislosen Verhandlungen der Württembergischen Gesellschaft mit der „Compagnie Royale d'Assurance contre l'incendie" zustande. Der Plan, mit der französischen Gesellschaft einen laufenden Rückversicherungsvertrag abzuschließen, scheiterte, weil die 5 % Provision, welche die Pariser Gesellschaft

---

[21] Golding, History 62—64.
[22] Golding, History 63.
[23] Golding, History 63.
[24] Abdruck des Vertrages in „100 Jahre Württembergische Feuerversicherung" 32/33; Golding, History, Appendix „H"; vgl. auch dens., History 65.

gewähren wollte, der Württembergischen Feuer-Versicherungs-Gesellschaft als zu gering erschien[25]. Mit der Elberfelder Gesellschaft stand die Württembergische Gesellschaft schon lange in einem Vertrauensverhältnis, da zwischen den beiden Gesellschaften bereits zahlreiche Spezialrückversicherungen abgeschlossen worden waren.

Der Vertrag von 1829 ist ein Summenexzedentenvertrag, der auf den ersten Blick obligatorischer Natur zu sein scheint und auch von *Golding*[26] als solcher bezeichnet wird. Für die rückversicherte Württembergische Gesellschaft ist der Vertrag nur insofern bindend, als sie ausschließlich bei der Elberfelder Gesellschaft Rückversicherungsschutz nehmen darf. Es steht ihr aber frei zu bestimmen, welche Summen sie behält und welche sie rückversichert. Die Elberfelder Gesellschaft ist verpflichtet, die ihr von der Württembergischen Gesellschaft angebotenen Summen in Rückdeckung zu nehmen, „sofern ihre Versicherungsgrundsätze dies gestatten". Das bedeutet aber, daß sie jederzeit die ihr ungünstig erscheinenden Risiken ablehnen kann, denn das Abstellen auf die Versicherungsgrundsätze ist reine Ermessensfrage. Der Vertrag ist daher nicht obligatorisch, denn beide Vertragspartner sind in ihren Entscheidungen frei.

Die Elberfelder Gesellschaft hat wahrscheinlich viele Angebote der Württembergischen Versicherung abgelehnt, denn 1853 schloß diese — mit Genehmigung der Elberfelder Anstalt — mit der Globe Assekuranz-Gesellschaft in London einen zweiten Summenexzedentenvertrag ab[27]. Für alle Risiken, welche die Württembergische der Elberfelder Gesellschaft angeboten hatte, ohne daß sie akzeptiert worden wären, erfolgte die Rückversicherung bei der englischen Anstalt. Die Globe kündigte aber den Vertrag schon nach drei Jahren, weil die daraus resultierenden Geschäftsergebnisse für sie ungünstig waren.

Der Vertrag von 1829 ist der älteste, der eine Schiedsgerichtsklausel enthält[28]. Obwohl er 73 Jahre in Kraft war, kam es nie zu einem Schiedsgerichtsverfahren.

---

[25] Vgl. „125 Jahre Württembergische Feuerversicherung" 20/21.
[26] Golding, History 65/66.
[27] Abdruck dieses Vertrages in „100 Jahre Württembergische Feuerversicherung" 115—18; Golding, History, Appendix „I"; vgl. auch Golding, History 66/67.
[28] Golding, History 66, 141.

Der Vertragstext lautet wörtlich:

„Vertrag

Zwischen der Württembergischen Privat-Feuer-Versicherungs-Gesellschaft in Stuttgart und der Direktion der Feuer-Versicherungs-Gesellschaft in Elberfeld ist folgender Vertrag zu Stande gekommen:

1. Die Württembergische Gesellschaft bringt diejenigen ihr zur Versicherung angetragenen Summen, welche sie nicht auf alleinige Gefahr behalten will, bei der Versicherungs-Gesellschaft zu Elberfeld in Rückversicherung und wird, solange dieser Vertrag besteht, mit keiner anderen Anstalt eine Verbindung derart anknüpfen.

2. Dagegen übernimmt die Versicherungs-Gesellschaft in Elberfeld, insofern ihre Versicherungs-Grundsätze dieses gestatten, die Verbindlichkeit, die Anträge der Württembergischen Gesellschaft auf Teilung von Versicherungs-Summen anzunehmen.

3. Der Hauptagent der Elberfelder Gesellschaft, Herr Rechnungsrat Haerlin, ist berechtigt, in seiner genannten Eigenschaft und nach seinen Instruktionen, die Versicherungen für deren Rechnung abzuschließen.

4. Wenn die Württembergische Gesellschaft auf den Grund ihrer Statuten vom 2. Februar 1828 und der der Elberfelder Gesellschaft mit Schreiben vom 2. März 1829 mitgeteilten weiteren statutarischen Beschlüsse, nämlich: Instruktion vom 5. September 1828, Zirkular No. V vom 5. November 1828, Ausschreiben No. VI vom 27. Januar 1829, Schreiben an die Agenten vom 26. März 1829 verbindlich ist, oder durch das in Streitfällen nach Art. 136—47 dieser Statuten zu bestellende Kompromiss-Gericht für verbindlich erkannt wird, eine Vergütung zu leisten, so unterwirft sich die Elberfelder Gesellschaft hinsichtlich des rückversicherten Betrages, der nämlichen Verbindlichkeit.

5. Im Falle eines Streites zwischen beiden Gesellschaften entscheidet ein gemeinschaftlich in Augsburg, München oder Frankfurt zu wählendes Kompromiss-Gericht, ohne Zulässigkeit weiterer Rechtsmittel. Die Wahl des Ortes, wo dasselbe gewählt werden soll, wird jedesmal der Elberfelder Gesellschaft überlassen.

6. Dieser Vertrag ist auch für diejenigen Rückversicherungen gültig, welche bereits zwischen beiden Gesellschaften abgeschlossen worden sind.

7. Beide Contrahenten haben das Recht der halbjährigen Aufkündigung des Vertrages, ohne dass jedoch durch dessen Aufhören seine Gültigkeit hinsichtlich der bereits abgeschlossenen, noch fortbestehenden Versicherungen bis zu deren Ablauf aufgehoben würde.

Elberfeld am 8. Juli 1829   Unterschriften"[29]

§ 12 Die Entstehung selbständiger Rückversicherungsgesellschaften

I. Die ersten Tochtergesellschaften

Nachdem die Rückversicherung zu Beginn des letzten Jahrhunderts ihren Siegeszug durch das Versicherungswesen angetreten hatte, wuchs der Bedarf an Rückdeckung immer mehr. Dieser wurde durch eine Reihe von Umständen gesteigert:

1. Die Großbrände von Hamburg, Memel und Perkuhnen brachten den Versicherungsgesellschaften große Verluste. Die Gesellschaften hatten ihre Tragfähigkeiten weit überschätzt und beeilten sich nun, ihren Selbstbehalt herabzusetzen. Dadurch wurden die Exzedenten merklich größer.

2. Der große industrielle Aufschwung brachte ein Anwachsen der Sachwerte mit sich. Die Direktversicherungssummen überstiegen die Kapazität des Erstversicherers immer mehr, so daß sich dieser nach vermehrtem Rückversicherungsschutz umsehen mußte.

3. In Preußen wurde am 6. Mai 1837 ein Gesetz erlassen, wonach alle Anstalten, die ihren Geschäftssitz außerhalb Preußens hatten, nur unter behördlicher Aufsicht direkte Versicherungsgeschäfte machen durften. Eine Versicherung bis zu 10 000 Talern mußte ferner bei ein und derselben Gesellschaft versichert werden. Die wenigen konzessionierten Versicherungsanstalten waren aber nicht in der Lage, die große Versicherungsnachfrage allein zu befriedigen. Nach einigem Zögern gestatteten die Behörden den Abschluß von Rückversicherungen mit nicht konzessionierten auswärtigen Gesellschaften. Ohne die

---

[29] Bei dem zahlreichen vorhandenen Material würde es zu weit führen, noch mehr Beispiele von laufenden Verträgen zu erläutern. Es sei deshalb auf die Literatur verwiesen: Vgl. Golding, History 59 ff. und Anhang; La Réassurance 33 (1950) 293 ff.; Sack 117 ff.

Hilfe ausländischer Versicherungsanstalten wäre nach *Schaefer*[1] eine Kalamität entstanden.

Wegen der Vorteile, welche die ausländischen Gesellschaften boten[2], waren bereits zahlreiche Rückversicherungsverträge mit dem Ausland abgeschlossen worden. Durch das Preussische Gesetz wanderten nun erst recht große Kapitalien, die man lieber dem eigenen Lande erhalten hätte, ins Ausland. Auf die Dauer wiesen aber die ausländischen Rückversicherer verschiedene Nachteile auf: Die abgeschlossenen Rückversicherungen standen oft in einem Mißverhältnis zu den gebotenen Sicherheiten. Gut fundierte ausländische Rückversicherer waren jedoch nicht geneigt, die Experimentierkosten junger deutscher Unternehmungen zu tragen[3]. Sie knüpften daher an ihre Verträge verschiedene für die deutschen Rückversicherungsnehmer ungünstige Bedingungen, an denen zahlreiche Vertragsverhandlungen scheiterten. Die „Compagnie Royale" verlangte z. B. eine mindestens sechsjährige Dauer des Vertrages, während die „Providence" nur reziproke Verträge abschließen wollte[4]. Ein weiterer Nachteil beim Vertragsabschluß mit ausländischen Gesellschaften lag darin, daß die geschäftlichen Beziehungen im Kriegsfall abzubrechen drohten.

Die ausländischen Rückversicherer hatten auf dem deutschen Rückversicherungsmarkt bisher beträchtliche Gewinne zu verzeichnen[5], so daß man glaubte, die Gründung von einheimischen Gesellschaften, die sich unter Verzicht auf direkte Geschäfte nur der Rückversicherung widmen sollten, verantworten zu dürfen. In *Masius'* Versicherungszeitschrift erschien ein Aufruf, der „alle patriotischen Collegen im Versicherungsfache" aufforderte, einen Plan zur Gründung einer „Deutschen Nationalen Rückversicherungs-Gesellschaft" zu unterstützen[6]. Das zur Verwirklichung dieses Planes notwendige Zusammenwirken der einander konkurrenzierenden Versicherungsgesellschaften fehlte aber vollkommen, so daß dieser fortschrittliche Versuch scheitern mußte.

---

[1] Schaefer 23.
[2] Vgl. vorne § 11 II.
[3] „75 Jahre Colonia" 36; Thorin/Schloemer 38.
[4] „75 Jahre Colonia" 36.
[5] Vgl. die Zusammenstellung der von den ausländischen Rückversicherern auf dem deutschen Versicherungsmarkt gemachten Gewinne in „100 Jahre Kölnische Rückversicherungs-Gesellschaft" 20/21; vgl. ferner Sack 120.
[6] Vgl. Näheres über diesen Plan bei Sack 134 ff.

Jede einzelne Gesellschaft hatte ihre selbständigen Pläne. Man dachte daran, eigene Tochtergesellschaften zu gründen, welche die Exzedenten der Muttergesellschaft rückversichern sollten.

Die erste Initiative zur Gründung einer Tochtergesellschaft ergriff die Niederrheinische Güter-Assekuranz-Gesellschaft in Wesel[7]. Diese Gesellschaft stand 1840 mit der Pariser „Compagnie d'Assurance Générale" wegen eines Drittels ihrer Rückversicherungen in erfolglosen Verhandlungen. Da es schwer war, einen anderen ausländischen Rückversicherer zu finden, kam man auf die Idee, den Aktionären der Gesellschaft selbst die Übernahme der Rückversicherung vorzuschlagen. Jeder Aktionär sollte mit einem Anteil von mindestens 300 Talern einem internen Rückversicherungsverein beitreten, um ein Drittel der Prämie — abzüglich Provision — von der Hauptgesellschaft zu erhalten. Dafür hätten sie ein Drittel der Schäden zu bezahlen. Das Experiment begann am 1. Dezember und dauerte ein Jahr. Nach einem weiteren Jahr konstituierte sich der Weseler Rückversicherungs-Verein offiziell und erhielt Ende 1843 vom preußischen König die Genehmigung. Damit war die erste Rückversicherungsgesellschaft gegründet. Mit dem Schicksal der Muttergesellschaft, von der sie völlig abhing, war sie eng verbunden.

Bald folgten eine Reihe gleichartiger Tochtergesellschaften bei anderen Versicherungsanstalten[8].

II. Die Gründung der ältesten selbständigen Rückversicherungsgesellschaft

Der starken Rückversicherungsnachfrage war auf lange Sicht nicht abgeholfen, weil das Schicksal der Tochtergesellschaften zu eng mit demjenigen der Muttergesellschaften verknüpft war. Nicht nur die Zusammensetzungen des Versicherungs-Portefeuilles von Mutter- und Tochtergesellschaften waren einander ähnlich, sondern meistens waren auch Direktion und Aufsichtsräte miteinander identisch.

Nur völlig selbständige, von jeder Versicherungsanstalt unabhängige Rückversicherungsgesellschaften waren in der Lage, das große

---

[7] Die nachfolgende Schilderung der Gründung des Weseler Rückversicherungs-Vereines stützt sich auf „100 Jahre Kölnische Rückversicherungs-Gesellschaft" 12—14.

[8] Vgl. die Namen zahlreicher Tochtergesellschaften bei Sack 136 ff.

Bedürfnis nach Rückversicherung des deutschen Versicherungsmarktes zu befriedigen.

1842 wurde in Köln mit der Ausarbeitung eines Planes zur Gründung einer Rückversicherungsgesellschaft begonnen[9]. Am 22. Dezember wurde ein Rundschreiben, das von bedeutenden Kaufleuten und Bankiers der Stadt Köln — sie standen zum Teil der Colonia und der Rhein-Schiffahrts-Assekuranz[10] nahe — unterzeichnet war, an eine Auswahl von Notablen des Kölner Handelsstandes gesandt. Darin hieß es:

"Je mehr das inländische Versicherungs-Geschäft sich entwickelt, desto häufiger bedürfen die Versicherungs-Gesellschaften der Rückversicherungen. Sie wenden sich dafür selten oder gar nicht an andere deutsche Gesellschaften, theils weil diese, auf gleichem Terrain arbeitend, durch ihre directen Versicherungen an der Übernahme der Rückversicherungen mehrentheils gehindert sind, theils weil eine allerdings nicht unbegründete Bedenklichkeit gegen Geschäfts-Relationen mit Concurrenten davon zurückhält. Die Rückversicherungen werden ins Ausland gebracht, vornehmlich an französische, englische und belgische Gesellschaften, und so genießt das Ausland den damit verknüpften, nicht unbeträchtlichen Gewinn.

Durch die Beobachtung dieser Verhältnisse, welche sich uns in den Geschäften der hiesigen Versicherungs-Gesellschaften aufdrang, angeregt, haben wir ein Mittel Bedacht genommen, wodurch der Gewinn des deutschen Versicherungs-Geschäftes dem Inlande ganz erhalten würde. Wir glauben, dieses Mittel in der Errichtung von Gesellschaften, welche sich ausschließlich mit Rückversicherungen befassen, gefunden zu haben[11]."

Ferner wird in diesem Rundschreiben die Stadt Köln als der geeignetste Sitz der zu gründenden Gesellschaft bezeichnet. Abschließend werden die Adressaten aufgefordert, sich zu einer Besprechung des Projektes einzufinden.

Noch sehr viele Hindernisse mußten aus dem Weg geräumt werden, bis das notwendige Kapital — bei überwiegend französischer Beteili-

---

[9] Die nachfolgende Schilderung der Gründung der Kölnischen Rückversicherungs-Gesellschaft fußt auf „100 Jahre Kölnische Rückversicherungs-Gesellschaft" 15 ff.
[10] Diese Gesellschaft wurde später in die Agrippina umgewandelt.
[11] Entnommen: „100 Jahre Kölnische Rückversicherungs-Gesellschaft" 15.

gung — beschafft war[12]. Manche Schwierigkeiten waren zu überwinden[13], bis endlich 1846 der preußische König die Konzession erteilte. Politische Wirren verzögerten die Geschäftseröffnung der Gesellschaft um weitere Jahre. Endlich konnte, dank dem unerschütterlichen Willen und dem großen Einsatz ihrer wagemutigen Gründer, die Kölnische Rückversicherungs-Gesellschaft am 1. Juli 1852 — als erste selbständige Rückversicherungsgesellschaft der Welt — ihre Tätigkeit aufnehmen.

III. Der erste Vertrag der Kölnischen Rückversicherungs-Gesellschaft[14]

Zum Abschluß sei in extenso der erste Vertrag wiedergegeben, der jemals von einer selbständigen Rückversicherungsgesellschaft abgeschlossen worden ist. Es handelt sich dabei um einen beiderseitig obligatorischen Exzedentenvertrag, der Feuerrisiken betrifft:

Rückversicherungs-Vertrag zwischen der Vaterländischen Feuer-Versicherungs-Gesellschaft in Elberfeld und der Cölnischen Rückversicherungs-Gesellschaft vom 29. Oktober resp. 2. November 1852

Zwischen der Kölnischen Rückversicherungs-Gesellschaft in Cöln einerseits und der Vaterländischen Feuer-Versicherungs-Gesellschaft in Elberfeld andererseits ist folgender Vertrag verabredet und geschlossen.

§ 1. Die Vaterl. F.V.G. verpflichtet sich der Köln. R.V.G. alle Excedenten über ihre Maxima und bestehende Rückversicherungs-Verträge[15] hinaus anzutragen. Diese Maxima sind näher bezeichnet in der zu dem gegenwärtigen Vertrage paraphierten Tabelle und die Rückversicherungs-Verträge in einem ebenso paraphierten Auszuge mitgetheilt.

§ 2. Die Köln. R.V.G. verpflichtet sich, diese Anträge anzunehmen und zwar bis zur Höhe derjenigen Summe, welche die Vaterl. F.V.G. für

---

[12] So waren z. B. zahlreiche Bestrebungen im Gange, die zu gründende Gesellschaft in die Abhängigkeit der Colonia zu bringen.

[13] Es würde zu weit führen, hierauf näher einzutreten. Die Festschrift „100 Jahre Kölnische Rückversicherungs-Gesellschaft" benötigt über 40 Seiten, um die wechselvolle Geschichte ihrer Gründung zu schildern.

[14] Dieser Vertrag ist bisher noch nie veröffentlicht worden. Eine Photokopie wurde dem Verfasser freundlicherweise von der Kölnischen Rückversicherungs-Gesellschaft zur Verfügung gestellt.

[15] Die Vaterländische Feuer-Versicherungs-Gesellschaft in Elberfeld stand z. Z. des Abschlusses dieses Vertrages bereits in einem Vertragsverhältnis mit der „La France" in Paris.

ihre eigene Rechnung auf dasselbe Risiko behält. Wenn es sich in einem Schadenfalle herausstellen möchte, daß die Vaterl. F.V.G. aus Versehen der Köln. R.V.G. einen größeren Theil als sie selbst übernommen und für eigene Rechnung behalten, übertragen hätte, soll die Köln. R.V.G. berechtigt sein, ihren Antheil bis auf die Höhe des von der Vaterl. F.V.G. gedeckten Theils zu reduziren, und kann dieselbe unter keiner Bedingung für mehr in Anspruch genommen werden, als derselbe beträgt; in einem solchen Falle ist auch die Vaterl. F.V.G. nicht berechtigt, die Prämie für den Theil von der Köln. R.V.G. zurückzuverlangen, welchen sie nach vorstehender Bestimmung nicht zu zahlen haben würde. Die Vaterl. F.V.G. übernimmt ferner, und zwar, bei Verlust alles Anspruches an die Köln. R.V.G. die Pflicht, diese zur Beurtheilung des Verhältnisses über die etwaige Betheiligung anderer Rückversicherer, auf Verlangen vollständig aufzuklären.

§ 3. Die Vaterl. F.V.G. macht der Köln. R.V.G. briefliche Aufgabe über die in Rückversicherung zugebenden Risikos unter Einsendung eines Bordereau, woraus der Anfang, die Dauer, der Ort, die Natur des Risikos, dessen Eigner, die versicherte wie die rückversicherte Summe und die stipulirte Prämie erhellt. Diese Aufgabe ist die Vaterl. F.V.G. zu machen verpflichtet in den ersten 14 Tagen und zwar bei directen Versicherungen nach Abschluss, bei den durch die Agenten geschlossenen Versicherungen aber, nach dem Tage der Anzeige der Letzteren. Ein Gleiches findet bei Prolongationen Statt. Ausserdem übersendet die Vaterl. F.V.G. der Köln. R.V.G. monatlich ein Bordereau über die in diesem Zeitraum zu Stande gekommenen Rückversicherungen. Die Gefahr sämmtlicher zur Rückversicherung angemeldeter Risikos beginnt, für die Köln. R.V.G. mit dem Tage, mit welchem sie für die Vaterl. F.V.G. beginnt, vorausgesetzt, daß dieselben bereits in Rückversicherung gegeben resp., dass deren Aufgabe an die Köln. R.V.G. im guten Glauben zur Post befördert ist. Eine Rückversicherung solcher über den erwähnten Zeitraum von 14 Tagen bereits geschlossenen Versicherungen wird immer nur in Folge hervorgegangener Verhandlungen mit der Köln. R.V.G., von dieser übernommen. Ein Gleiches findet Statt, wenn die Vaterl. F.V.G. Anlass hätte, auf ein Risiko schon vor Erschöpfung ihres eigenen Maximums Rückversicherung zu wünschen. Für den Fall die Köln. R.V.G. einen derartigen Antrag abzulehnen geneigt sein sollte, ist sie verpflichtet, dieses mit Wendung der Post anzuzeigen, widrigenfalls die Vaterl. F.V.G. berechtigt ist, die proponirte Rückversicherung als geschlossen zu betrachten. Als ein Risiko sind zu betrachten die der Natur der Sache nach zu dessen Hauptbestandtheile gehörigen Gegenstände sowie die in einem Complex verbundenen Realitäten.

§ 4. Die Köln. R.V.G. nimmt die allgemeinen und besonderen Policebedingungen der Vaterl. F.V.G. so wie deren Prämiensätze für sich als maassgebend an und vergütet ihr auf diese 20 % Provision unter gegenseitiger vierteljähriger Abrechnung.

§ 5. Wenn die Vaterl. F.V.G. von ihrer Befugnis laufende Policen zu verändern, zu reduzieren oder zu anullieren Gebrauch macht, so wird sie der Köln. R.V.G. hiervon bald thunlichst Anzeige machen und diese die Wirkung hinnehmen, welche derartige Veränderungen auf den Antheil der Rückversicherung ausüben.

§ 6. Die Vaterl. F.V.G. hat das Recht selbständiger Schaden-Regulierung. Die Köln. R.V.G. ist befugt, derselben durch einen Delegirten beizuwohnen und berechtigt, Abschriften und Einsicht der bezüglichen Scripturen, Policen und Original-Quittungen von der Vaterl. F.V.G. zu verlangen.

§ 7. Die Vaterl. F.V.G. hat die Pflicht baldthunlichster Anzeige eines ihr bekannt werdenden Schadens. Die Köln. R.V.G. hat den von ihr zu tragenden Schaden, sobald derselbe Thr. 5000,— erreicht, sofort, sonst durch vierteljährige Gutschrift zu vergüten. Alles jedoch nur nachdem ihr vorher Abschrift der Quittung des Beschädigten eingesandt worden.

§ 8. Der gegenwärtige Vertrag beginnt mit dem Tage seiner Vollziehung, dessen Dauer ist unbestimmt und kann derselbe nur durch eine beiden Theilen freistehende sechsmonatliche Kündigung aufgelöst werden. Im Falle einer derartigen Kündigung Seitens der Köln. R.V.G. hat diese nur noch die Pflicht, die in dem Laufe von 3 Monaten nach dem Tage der Kündigung von der Vaterl. F.V.G. noch etwa, nach Maassgabe des § 1 in Rückversicherung zu gebenden Risikos zu übernehmen. Die einmal übernommenen Risikos laufen unerachtet einer etwaigen Kündigung bis zu ihrem völligen Erlöschen für Gefahr der Köln. R.V.G.

§ 9. Bezüglich der Kosten des Geschäftsverkehrs wird bestimmt, daß die Köln. R.V.G. sowohl wie die Vaterl. F.V.G. ihre Briefe und Paquete unfrankirt abgehen lassen.

§ 10. Streitigkeiten aus diesem Vertrage sollen vor Schiedsrichter gebracht werden. Diese sind von den Parteien binnen 14 Tagen nach Aufforderung Seitens des einen oder andern Theils zu ernennen. Der Ort eines zu bildenden Schiedsgerichts soll Bonn oder Düsseldorf, nach Wahl der beanspruchten Partei sein. Die gewählten Schiedsrichter sind verpflichtet in einer Frist von 3 Monaten nach dem Tage ihrer Annahme-Erklärung das Urtheil zu fällen, können sie sich über ein solches nicht einigen, so entscheidet ein von ihnen zu ernennender Obmann. Die Entscheidung des letzteren muß binnen vier Wochen nach

Die Entstehung selbständiger Rückversicherungsgesellschaften 101

der von ihm ergangenen Annahme-Erklärung erfolgen. Für den Fall, dass das Urtheil des Schiedsgerichtes, resp. des Obmannes in den angedeuteten Fristen nicht erfolgen sollte, muss, wenn unter den Parteien eine Fristverlängerung nicht vereinbart werden sollte, die Sache vor den gewöhnlichen Richter gebracht werden.

§ 11. Die beiderseitigen Statuten und Policebedingungen sind zu dem gegenwärtigen Vertrage ne varietur parafiert und übernehmen beide Contrahenten die Pflicht, sich von solchen Änderungen derselben, welche etwa im Laufe der Zeit vorkommen sollten, alsbald zu unterrichten.

Elberfeld, am neunundzwanzigsten October 1800zweiundfünfzig.

Unterschriften

Cöln 2. Nov. 1852

Unterschriften

Maximal-Feststellungen der Vaterländischen Feuerversicherungs-Gesellschaft in Elberfeld

Das Maximum auf Packhöfe, grosse öffentliche Lager und Waaren-Plätze, Eisenbahnhöfe und andere ähnliche Etablissements, beträgt durchgehends Thr. 200 000.

Die sonstigen Maxima stellen sich wie folgt

Thr. 80 000 auf Risikos, deren Prämie unter 1 $^o/_{oo}$ beträgt
Thr. 60 000 auf Risikos, deren Prämie 1 $^o/_{oo}$ bis 1½$^o/_{oo}$ beträgt
Thr. 50 000 auf Risikos, deren Prämie über 1½ $^o/_{oo}$ bis 2½ $^o/_{oo}$ beträgt
Thr. 35 000 auf Risikos, deren Prämie 2½ $^o/_{oo}$ bis 4 $^o/_{oo}$ beträgt
Thr. 30 000 auf Risikos, deren Prämie 4 $^o/_{oo}$ bis 6 $^o/_{oo}$ beträgt
Thr. 25 000 auf Risikos, deren Prämie 6 $^o/_{oo}$ bis 10 $^o/_{oo}$ beträgt
Thr. 20 000 auf Risikos, deren Prämie 10 $^o/_{oo}$ übersteigt.

Elberfeld, 29. October 1852   Unterschriften

Literaturverzeichnis

Die hier aufgeführte Literatur wird, sofern kein besonderes Kennwort angegeben ist, im Text nur mit dem Verfassernamen zitiert.

Ackein, Jean: De la Réassurance, Diss. Lille 1911.
Adler, K.: Die Prämienvorleistung bei der Versicherung, ZHR 34, 162 ff.
Allaz, Thérèse: Le traité de réassurance d'excédent de sommes, Diss. Lausanne 1954.
Arnould, J.: A Treatise on the Law of Marine Insurance and Average, 4. A. 2 Bde. London 1872.
Benecke, W.: System des Assekuranz- und Bodmereiwesens, 5 Bde. Hamburg 1810.
Bensa, E.: Il Contratto di assicurazione nel medio evo, Genua 1884. Teilweise übersetzt von J. Valéry: Contrat d'assurance au moyen âge, Paris 1897.
— Neue Beiträge zur Geschichte der Seeversicherung, AssJahrb 8 III 3 ff.
— Zum Versicherungswesen im Mittelalter, AssJahrb 10 III 3 ff.
Bezold, E.: Das Versicherungswesen, Berlin 1874.
Bippen, W. von: Seeversicherung und Seeraub eines hansischen Kaufmanns im 16. Jahrhundert, Bremen 1889.
Blumhardt: Der Einfluß des kanonischen Wucherverbots auf die Entwicklung der Assekuranz, ZVW 11, 66 ff.
Bluntschli/Brater: Deutsches Staats-Wörterbuch, 11 Bde. Stuttgart/Leipzig 1857/70.
Boenigk, O. von: Zur Geschichte der Feuerversicherung, AssJahrb 16 III 3 ff.
Boiteux: Un litige entre assureurs et réassureurs en 1674, La Réassurance 27 (1944) 52 ff.
Boulay-Paty: Cours de droit commercial maritime, 2 Bde. Brüssel 1838.
Brämer, H. u. K.: Das Versicherungswesen (Hand- und Lehrbuch der Staatswissenschaften 1. Abt. XVII, herausgegeben von K. Frankenstein), Leipzig 1894. (Zit. „Brämer bei Frankenstein".)
Braun, H.: Geschichte der Lebensversicherung und der Lebensversicherungstechnik, Nürnberg 1925. (Zit. „Geschichte".)
— Urkunden und Materialien zur Geschichte der Lebensversicherung und Lebensversicherungstechnik, Veröffentlichungen des Deutschen Vereins für Versicherungs-Wissenschaft Nr. 58, Berlin 1937. (Zit. „Urkunden".)

Bruck, E.: Das Privatversicherungsrecht, Mannheim/Berlin/Leipzig 1930.
— Die rechtliche Natur der Rückversicherung, VersArch 1956, 9 ff.
Büchner, F.: Zur Geschichte der Versicherung, VersArch 1957, 1 ff.
Casteele, R. van de: La réassurance au point de vue juridique, Paris 1952.
Chaufton, A.: Les assurances, leur passé, leur présent, leur avenir, 2 Bde. Paris 1884/86.
Courcy, A. de: Questions de droit maritime, 4 Bde. Paris 1877/88.
Cruziger, G.: Transportversicherung, München 1910. (Zit. „Transport".)
— Die Praxis der Rückversicherung, München 1926. (Zit. „Praxis".)
— Zur Geschichte der Rückversicherung, Die Rückversicherung, Monatsbeilage der Versicherung und Geldwirtschaft, (Wien 1926) Nr. 5, 6 u. 7.
Dammbach, C.: Des traités de réassurances, Paris (ohne Datum).
Dernburg/Kohler: Das bürgerliche Recht des Deutschen Reichs und Preußens, 6 Bde. Halle 1902/10.
Deutsche Versicherungswirtschaft, 6 Bde. Berlin 1936/39.
Dorn, H.: Artikel „Feuerversicherung", HWS III 968 ff.
Dover, V.: A Handbook to Marine Insurance, 5. A. London 1957.
Droz, A.: Traité des assurances maritimes, 2 Bde. Paris 1881.
Ehrenberg, Richard: Studien zur Entwicklung der Versicherung, ZVW 1, 101 ff., 368 ff.; 2, 35 ff., 123 ff.
Ehrenberg, Victor: Die Rückversicherung, Festschrift für G. Beseler, Rostock 1885. (Zit. „Rückversicherung".)
— Versicherungsrecht. (Systematisches Handbuch der deutschen Rechtswissenschaft 3. Abt. 4. Teil, herausgegeben von K. Binding), Leipzig 1893. (Zit. „Ehrenberg bei Binding".)
— Besprechungen neuer Literatur zur Geschichte der Assekuranz, ZHR 32, 277 ff.
— Das künftige Versicherungsrecht, Veröffentlichungen des Deutschen Vereins für Versicherungs-Wissenschaft Nr. 15, Berlin 1908. (Zit. „Künftiges Versicherungsrecht".)
Ehrenzweig, A.: Der Rückversicherungs-Vertrag und seine Usancen, AssJahrb 2, 75 ff.
— Zur Geschichte der Staatsversicherung, AssJahrb 3, 1 ff.
— Skizzen zur Geschichte der Lebensversicherungs-Technik, AssJahrb 4, 1 ff.
— Kritisches zur Geschichte der Seeversicherung, AssJahrb 11 III 24 ff.
— Zur Geschichte der Lebensversicherung, AssJahrb 14 III 15 ff.
Emérigon, B.-M.: Traité des assurances et des contrats à la grosse, 2 Bde. Marseille 1783.
Endemann, W.: Die Entwicklung des Assekuranzwesens, Deutsche Vierteljahrs-Schrift 112 (1865) IV 97 ff.
— Das Wesen des Versicherungsgeschäftes, ZHR 9, 285 ff.; 511 ff.; 10, 242 ff.

Feer, E.: The System of Treaty Reinsurance in Fire Insurance, New York 1926. (Zit. „Treaty".)
— Approach to Reinsurance, 2. A. New York 1951. (Zit. „Approach".)
Fourastié, J.: Les assurances au point de vue économique et social, Paris 1946.
Froelich, E.: Artikel „Rückversicherung", Handbuch der Schweizerischen Volkswirtschaft II Bern 1955, 304 ff.
— Some Thoughts on Treaty Reinsurance, The Review 88 (1957) 1315 ff., deutsche Übersetzung in SVZ 25, 273 ff.
Funk, L.: Das Mitversicherungssystem der Londoner Lloyd's, Berlin 1935.
Garobbio, H. W.: Über die Rückversicherung nach schweizerischem Recht, Abhandlungen zum Schweizerischen Recht, NF Nr. 16, Bern 1926.
Gobert, J.: Etude sur la Réassurance, ses avantages, ses dangers et son importance économique, Brüssel 1923.
Golding, C. E.: A History of Reinsurance, with Sidelights on Insurance, zum 50jährigen Jubiläum der Sterling Offices Ltd., 2. A. London 1931. (Zit. „History".)
— The Law and Practice of Reinsurance, 3. A. London 1954. (Zit. „Law".)
Golding/King-Page: Lloyd's, New York/Toronto/London 1952.
Goldschmidt, L.: Universalgeschichte des Handelsrechts (Handbuch des Handelsrechts I 1. Abt.), 3. A. Stuttgart 1891. (Zit. „Handelsrecht".)
— Zur Geschichte der Seeversicherung, Festgabe für G. Beseler, Berlin 1885. (Zit. „Seeversicherung".)
— Lex Rhodia und Agermanament, ZHR 35, 37 ff.
Gow, W.: Marine Insurance, London 1910.
Grosse, H.: Die Anfänge des Lebensversicherungswesens, AssJahrb 6 II 3 ff.
Haegen Pierre, Louis van der: Der internationale Rückversicherungsmarkt unter besonderer Berücksichtigung des schweizerischen Angebots, Diss. Basel 1956.
Hagen, O.: Versicherungsrecht, 2 Abteilungen (Handbuch des gesamten Handelsrechts VIII, herausgegeben von V. Ehrenberg), Leipzig 1922. (Zit. „Hagen bei Ehrenberg".)
— Seeversicherungsrecht, Veröffentlichungen des Deutschen Vereins für Versicherungs-Wissenschaft Nr. 62, Berlin 1938. (Zit. „Seeversicherung".)
— Begriff und Rechtsgrundlagen der Rückversicherung, ZVW 20, 137 ff.
Halpérin, J.: Les assurances en Suisse et dans le monde, leur rôle dans l'évolution économique et sociale, Neuenburg 1946.
Handwörterbuch der Sozialwissenschaften, zugl. Neuauflage des Handwörterbuches der Staatswissenschaften, Stuttgart/Tübingen/Göttingen 1952 ff. (Im Erscheinen begriffen.)
Hangartner, Jean-Marie: Der Erstversicherer als Angebotsträger auf dem Rückversicherungsmarkt, Veröffentlichungen des Versicherungs-wirt-

schaftlichen Seminars an der Handels-Hochschule St. Gallen, Zürich und St. Gallen 1958.

Hellauer, J.: Transportversicherung, Essen 1953.

Helmensdorfer, W.: Die Transportversicherung, kurzer geschichtlicher Abriß, SVZ 1, 272 ff.

Hémard, J.: Théorie et pratique des assurances terrestres, 2 Bde. Paris 1924/25.

Herrmannsdorfer, F.: Wesen und Behandlung der Rückversicherung, 2. A. München 1924. (Zit. „Wesen und Behandlung".)
— Technik und Bedeutung der Rückversicherung, München 1927. (Zit. „Technik und Bedeutung".)
— Versicherungswesen, Berlin 1928. (Zit. „Versicherungswesen".)

Hollitscher, C. H. von: Internationale Rückversicherung, Veröffentlichungen des Deutschen Vereins für Versicherungs-Wissenschaft Nr. 48, Berlin 1931.

Jahn, W.: Studien über Rückversicherung, ZVW 12, 546 ff., 803 ff.

Josef, E.: Die Rückversicherung nach deutschem Recht, AssJahrb 37 I 3 ff.

Kiesselbach: Die Wirtschafts- und rechtsgeschichtliche Entwicklung der Seeversicherung in Hamburg, Hamburg 1901.

Kisch, W.: Zur Lehre von der Mitversicherung, ZVW 22, 295 ff.
— Artikel „Mitversicherung", Lexikon 1079 ff.

Koenig, W.: Schweizerisches Privatversicherungsrecht, Bern 1951.

Kracht: Die Rotterdamer Seeversicherungs-Börse, Weimar 1922.

Krause, H.: Die geschichtliche Entwicklung des Schiedsgerichtswesens in Deutschland, Berlin 1930.

Krüger, Emil: Die Gewinnquellen der Lebensversicherung, Diss. Zürich 1900.

Landousy, Léon: De la réassurance en matière maritime, Diss. Paris 1892.

Le Blanc, H.: La réassurance au point de vue économique, 2. A. Paris 1949.

Liebig, E. von: Das deutsche Feuerversicherungswesen, Berlin 1911. (Zit. „Feuerversicherung".)
— Die Seeversicherung, Berlin 1914. (Zit. „Seeversicherung".)

Magens, N.: Versuch über Assecuranzen, Havareyen und Bodmereyen, nebst einer Sammlung von alten und neuen Verordnungen, Hamburg 1753. (Zit. „Hamburger Ausgabe".) Vom Verfasser ins Englische übersetzt und mit zahlreichen Ergänzungen versehen: An Essay on Insurances, London 1755. (Zit. „Londoner Ausgabe".)

Mahr, W.: Einführung in die Versicherungswissenschaft, Berlin 1951.

Mainardi, R.: Die Rückversicherung, deutsche Übersetzung aus dem Italienischen von A. Hillbrandt, 2. A. Berlin 1925.

Malss, C.: Studien über Versicherungsrecht, insbesondere über die Feuer- und Lebensversicherung, ZHR 6 (1863) 261 ff.
— Die Quellen des nicht maritimen Versicherungsrechts, Zeitschrift für Versicherungsrecht, Leipzig 1 (1866) I 1 ff.

Manes, A.: Versicherungswesen, 3 Bde. 5. A. Leipzig/Berlin 1930/1932.
— Versicherungslexikon, 3. A. Berlin 1930. (Zit. „Lexikon".)
— Artikel „Transportversicherung", HWS VIII 274 ff.

Masius, E. A.: Systematische Darstellung des gesamten Versicherungswesens, Leipzig 1857.

Meth, K.: Das Wesen der Versicherungsbörsen unter besonderer Berücksichtigung der Verhältnisse von Hamburg und London, Veröffentlichungen des Deutschen Vereins für Versicherungs-Wissenschaft Nr. 33, Berlin 1924.

Metzger, G.: Notions élémentaires de la réassurance, Paris 1932.

Mittermüller, E.: Artikel „Lebensversicherung", HWS VI 271 ff.
— Artikel „Rückversicherung", HWS VII 127 ff.

Moldenhauer, P.: Das Versicherungswesen, 2./4. A. 2 Bde. Leipzig 1923/25.
— Artikel „Rückversicherung", Lexikon 1309 ff.

Mori, B. de: Le contrat de réassurance, herausgegeben vom „Institut international de Rome pour l'unification du droit privé" des Völkerbundes, Rom 1936.

Müller, Ferdinand A.: Zur Geschichte des Versicherungswesens in England, AssJahrb 4, 10 ff.

Müller, August: Ansätze zum Versicherungswesen in der römischen Kaiserzeit, ZVW 6, 209 ff.

Obermayer, Georg: Die Rückversicherung, Diss. Erlangen 1912.

Pardessus, J. M.: Collection de lois maritimes antérieures au XVIIIe siècle, 6 Bde. Paris 1828/45. (Zit. „Collection".)
— Cours de droit commercial, 6. A. 4 Bde. Paris 1856/57. (Zit. „droit commercial".)

Park, J. A.: A System of the Law of Marine Insurance, London 1800.

Picard, Maurice: De la réassurance, Diss. Paris 1912.

Picard/Besson: Traité des assurances terrestres, 4 Bde. Paris 1938/45.

Pirenne, H.: Sozial- und Wirtschaftsgeschichte Europas im Mittelalter, übersetzt von M. Beck, Sammlung Dalp Nr. 25, Bern 1946.
— Les périodes de l'histoire sociale du capitalisme, Brüssel 1914.

Plass, F.: Geschichte der Assecuranz und der hanseatischen Seeversicherungs-Börsen, Hamburg 1902.

Pöhls, M.: Darstellung des See-Assecuranzrechtes, 2 Teile (Darstellung des gemeinen Deutschen und Hamburgischen Handelsrechts IV), Hamburg 1832/34.

Prölss, E. R.: Artikel „Rückversicherung" im Handwörterbuch der Sozialwissenschaften, 2. Lieferung, Stuttgart/Tübingen/Göttingen 1954, 46 ff.

Quintana, I. B.: Reinsurance: Its Function and Importance, The Review 85 (1954) 1214 ff.

Rau, H.: Die Rückversicherung der Gegenwart, ZVW 1, 298 ff., 399 ff.

La Réassurance: Vieux papiers, traités centenaires, 33 (Paris 1950) 260 ff., 293 ff.

Reatz, C. F.: Geschichte des Europäischen Seeversicherungsrechts, Leipzig 1870.

The Review: The Portuguese Contribution in the Field of Insurance, 88 (London 1957) 400 ff.

Richard, P. J.: Histoire des institutions d'assurance en France, Paris 1956.

Riebesell, P.: Geschichte der Hamburger Feuerkasse, Festschrift zum 250-jährigen Jubiläum der Hamburger Feuerkasse, Hamburg 1926.

— Artikel „Feuerversicherung", Lexikon 547 ff.

Rosin, A.: Die Lebensversicherung und ihre geistesgeschichtlichen Grundlagen, Leipzig 1932.

Sack, W.: Die deutsche Rückversicherung in der Entwicklung, Veröffentlichungen des Instituts für Versicherungswissenschaft an der Universität Leipzig Nr. 6, Leipzig 1941.

Schaube, A.: Die wahre Beschaffenheit der Versicherung in der Entstehungszeit des Versicherungswesens, Jahrbücher für Nationalökonomie und Statistik, 3. Folge 5 (Jena 1893) 40 ff., 473 ff. (Zit. „Beschaffenheit".)

— Der Übergang vom Versicherungsdarlehn zur reinen Versicherung, Jahrbücher für Nationalökonomie und Statistik, 3. Folge 6 (Jena 1893) 481 ff. (Zit. „Übergang".)

— Der Versicherungsgedanke in den Verträgen des Seeverkehrs vor der Entstehung des Versicherungswesens, Zeitschrift für Sozial- und Wirtschaftsgeschichte 2 (Freiburg/Leipzig 1893) 149 ff. (Zit. „Versicherungsgedanke".)

Schaefer, Wilhelm: Die Feuerversicherung, Diss. Heidelberg 1900.

Schmitt-Lermann, H.: Der Versicherungsgedanke im deutschen Geistesleben des Barock und der Aufklärung, München 1954.

Schneider, H.: Vom Altertum zur Gegenwart, SVZ 2, 12 ff.

Schönenberger, Herbert: Die Liberalisierung des zwischenstaatlichen Rückversicherungsverkehrs im Rahmen der Organisation für europäische wirtschaftliche Zusammenarbeit (OECE), Veröffentlichungen des Versicherungs-wirtschaftlichen Seminars an der Handels-Hochschule St. Gallen, Zürich und St. Gallen 1956.

Schreiegg, J.: Die Versicherung als geistige Schöpfung des Wirtschaftslebens, Leipzig/Berlin 1934.

Sée, H.: Les origines du capitalisme moderne, Paris 1946.

Seebohm, J.: Sammlung seerechtlicher Erkenntnisse des Standesgerichts Hamburg, Hamburg 1866.

Séris, E.: Essai sur les assurances maritimes, Paris 1906.

Silberschmidt: Das Seedarlehen als Ausgangspunkt der Versicherung gegen Prämie, Veröffentlichungen des Deutschen Vereins für Versicherungs-Wissenschaft Nr. 38, Berlin 1926.

Stefani, G.: L'assicurazione a Venezia dalle origini alla fine della Serenissima, Festschrift zum 125jährigen Jubiläum der Assicurazioni Generali, Triest 1956.

Sturhahn, E. M.: Reinsurance, its Practice and Principles, Hartford 1941.

Sturm, Gottfried: Die Entwicklung der Mit- und Rückversicherung. Diss. Erlangen 1939.

Sumien, P.: Traité théorique et pratique des assurances terrestres, 6. A. Paris 1948.

Tecklenborg, H.: System des Seeversicherungswesens, Bremen 1862.

Tesdorpf, H.-J.: Geschichtliche Entwicklung des Versicherungswesens, Deutsche Versicherungswirtschaft I (Berlin 1936/39) 181 ff.

Thompson, K. R.: Reinsurance, 3. A. Philadelphia 1951.

Thorin, P.: Die Feuerrückversicherung, deutsche Übersetzung von Schloemer, München 1930.

Thorsen, C.: Seeversicherung und Seeraub im 16. Jahrhundert, ZVW 20, 72 ff.

Trennery, C. F.: The Origin and Early History of Insurance, London 1926.

Valin, R.-J.: Nouveau commentaire sur l'ordonnance de la marine au mois d'août 1681, La Rochelle 1764.

Vallebona, C.: Die Seeversicherung Einst und Jetzt, AssJahrb 3, 29 ff.

Versicherungs-Wirtschaft: Die erste bekannte Versicherungspolice von 1347, 3 (Karlsruhe 1948) 22, 2. Umschlagseite.

Villotte, Charles: Nature technique et juridique de la réassurance, Diss. Paris 1927.

Vivante, C.: Traité théorique et pratique des assurances maritimes, französische Übersetzung aus dem Italienischen von V. Yseux, Paris 1898.

Viret/Lucas/Berthelin: Les us et coutumes de la mer, Rouen 1671.

Voigt, J. F.: Das deutsche Seeversicherungs-Recht, Jena 1887.

Vukailovic, A. D.: Technisch-ökonomische Betrachtung der Rückversicherung, Heidelberg 1956.

Wagenführ, H.: Wirtschaftskunde des Versicherungswesens, Stuttgart 1938.

Wagner, Hermann: Grundzüge der Rückversicherungstechnik, Berlin 1933.

Wagner, Rudolf: Handbuch des Seerechts (Systematisches Handbuch der Deutschen Rechtswissenschaft 3. Abt. 3. Teil I, herausgegeben von K. Binding), Leipzig 1884. (Zit. „Wagner bei Binding".)

Weskett, J.: Theorie und Praxis der Assecuranzen, deutsche Übersetzung von A. Engelbrecht, 3 Bde. (Bd. 3 wurde vom Übersetzer in 2 Teilen unter dem Titel „Die Assecuranzwissenschaften" neu überarbeitet), Lübeck 1782—1791.

Wilke/Düker/Elle: Versicherungslehre, 2. A. Bad Homburg/Berlin 1952.

Winter, W. D.: Marine Insurance, its Principles and Practice, New York/Toronto/London 1952.

Wright/Fayle: A History of Lloyd's, London 1928.

Yokohama, Y.: Une histoire de l'assurance au Japon, La Réassurance 33 (1950) 296 ff., 339 ff.

Zeerleder, G.: Über die Rückversicherung, SVZ 15, 304 ff.

Festschriften von Versicherungsgesellschaften

Assicurazioni Generali: L'assicurazione a Venezia dalle origini alla fine della Serenissima, von G. Stefani, Festschrift zum 125jährigen Jubiläum, Triest 1956.

Colonia: Die Kölnische Feuer-Versicherungs-Gesellschaft Colonia. Ein Rückblick auf ihre 75jährige Geschäftstätigkeit, Köln 1914. (Zit. „75 Jahre Colonia".)

Hamburger Feuerkasse: Geschichte der Hamburger Feuerkasse, Festschrift zum 250jährigen Jubiläum von P. Riebesell, Hamburg 1926.

Kölnische Rückversicherungs-Gesellschaft: 100 Jahre Kölnische Rückversicherungs-Gesellschaft, Köln 1953.

Sterling Offices Ltd.: A History of Reinsurance, with Sidelights on Insurance, zusammengestellt von C. E. Golding, Festschrift zum 50jährigen Jubiläum der Sterling Offices Ltd. 2. A. London 1931.

Württembergische Feuerversicherung AG: 100 Jahre Württembergische Feuerversicherung AG in Stuttgart, Stuttgart 1928.

— 125 Jahre Württembergische Feuerversicherung AG in Stuttgart, Stuttgart 1953.

Printed by Libri Plureos GmbH
in Hamburg, Germany